Couverture inférieure manquante

Début d'une série de documents en couleur

OFFERT PAR L'AUTEUR

LES
MANUSCRITS FRANÇAIS
DE
CAMBRIDGE

III. — TRINITY COLLEGE

PAR

P<small>AUL</small> M<small>EYER</small>

MEMBRE DE L'INSTITUT

(Extrait de la *Romania*, t. XXXII.)

PARIS
1903

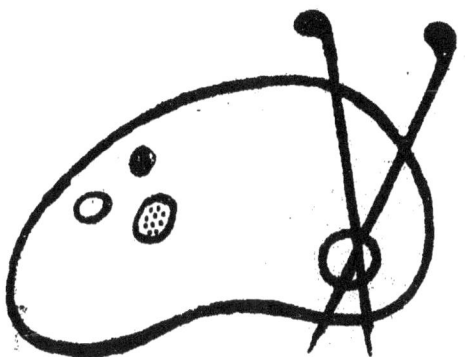

Fin d'une série de documents
en couleur

LES
MANUSCRITS FRANÇAIS
DE
CAMBRIDGE
III. — TRINITY COLLEGE

PAR

Paul MEYER
MEMBRE DE L'INSTITUT

(Extrait de la *Romania*, t. XXXII.)

PARIS
1903

LES MANUSCRITS FRANÇAIS

DE CAMBRIDGE [1]

III. — TRINITY COLLEGE

Le collège de la Trinité fut fondé par Henri VIII sur l'emplacement occupé par plusieurs anciens hôtels destinés à recevoir les étudiants. Il ne paraît pas qu'aucun des livres que devaient posséder ces établissements se soit conservé. Du moins est-il certain que les manuscrits actuellement conservés dans la bibliothèque du collège proviennent de donations dont aucune n'est antérieure au xviie siècle. Mais ces donations sont importantes par le nombre et par la valeur des livres donnés ou légués, de sorte qu'actuellement la bibliothèque de Trinity College est, entre les nombreuses bibliothèques de Cambridge, l'une des plus riches en manuscrits précieux. C'est à peine si celles de l'Université et de Corpus Christi College lui sont supérieures.

Des manuscrits de Trinity College, bon nombre sont en français, le plus souvent en français d'Angleterre, ou du moins renferment des parties françaises. Il s'y trouve plusieurs écrits qui, jusqu'à présent, n'ont pas été signalés et qui appellent des recherches variées. Il me serait impossible de rendre un compte exact et suffisamment détaillé de tous ces manuscrits sans donner au présent mémoire une étendue excessive. Aussi n'ai-je pas l'intention de les passer tous en revue. Je donne en note la liste des manuscrits dont je ne traiterai pas, soit qu'ils aient

---

1. Premier article, *Rom.*, VIII, 305 ; second article, XV, 236.

déjà été étudiés par moi-même ou par d'autres, soit que je me réserve de les étudier en une autre occasion [1].

Les manuscrits de Trinity College sont répartis en trois classes déterminées respectivement par les lettres *B*, *R*, *O*, qui désignent les cabinets où les livres de chacune de ces classes sont renfermés. En principe *B* contient les manuscrits théologiques, *R* les manuscrits historiques, littéraires, médicaux, etc., et les manuscrits orientaux [2]; *O* renferme la collection de Thomas

---

1. Les mss. que je laisse de côté sont les suivants :

B. 1. 45, fol. 19. Traité sur la confession, dont je donnerai quelques extraits dans une notice générale sur les traités de ce genre qui nous sont parvenus.

R. 3. 32. Rédaction de la chanson de Roland dont j'ai donné des extraits, en 1877, dans mon *Recueil d'anciens textes* (p. 209 et suiv.). Depuis, le texte complet a été publié par M. Förster. La version de la lettre du Prêtre Jean qui occupe les ff. 107 à 118 est celle dont on a le plus grand nombre d'exemplaires (*Romania*, XV, 177).

R. 3. 46. Vies en vers de saint Jean l'aumônier et de saint Clément (celle-ci est une traduction libre des *Recognitiones* augmentée de récits puisés à d'autres sources). Ce manuscrit a été, de ma part, l'objet d'une longue notice dans les *Notices et extraits des manuscrits*, XXXVIII, 293 et suiv. Cette notice vient de paraître en tirage à part (Paris, Klincksieck).

R. 14. 30. Recueil de traités de médecine et de recettes médicales en latin et en provençal sur lesquels je me propose de rédiger un mémoire particulier.

R. 16. 2. Apocalypse en français, dont j'ai traité dans une récente publication de la Société des anciens textes français (*L'Apocalypse en français au XIIIe siècle*, 1901, p. CCXLIX-CCLIII).

R. 17. 1. La version du Psautier publiée en 1875 par Fr. Michel, dans les *Documents inédits*.

O. 1. 3. La coutume de Normandie en français.

O. 2. 21. Gautier de Bibbysworth. Voir mon *Recueil d'anciens textes*, p. 360.

O. 2. 29. Sermons français de Maurice de Sully. Réservé pour une autre occasion.

O. 4. 26. Ms. très incomplet et médiocre (xve siècle) de l'Histoire ancienne jusqu'à César, sur laquelle voir *Romania*, XIV, 36.

O. 9. 34. L'*Alexandre* d'Eustache de Kent. Voir mon livre sur la légende d'Alexandre, II, 276.

2. Ce classement n'est pas rigoureux et ne pouvait l'être. Beaucoup de manuscrits offrent plus ou moins le caractère de mélanges et peuvent être placés indifféremment dans une catégorie ou dans une autre.

Gale († 1702), donnée au Collège en 1738 par le fils de celui-ci, Roger Gale († 1744).

Lorsque je commençai l'étude des manuscrits de Trinity, en mai et juin 1871, il n'en existait pas d'autre catalogue que celui que Bernard a inséré dans ses *Catalogi librorum manuscriptorum Angliæ et Hiberniæ* (Oxford, 1697, in-fol.). Dans la seconde partie du tome Ier (pp. 93-102), on trouve l'inventaire, naturellement fort sommaire, des manuscrits que possédait alors le collège. Plus loin, t. II, pp. 185-195, est imprimé le catalogue des manuscrits de Th. Gale, qui ne devaient entrer à Trinity qu'une quarantaine d'années plus tard. Récemment, M. Montague Rhodes James, qui a entrepris l'œuvre méritoire de rédiger les catalogues de toutes les bibliothèques collégiales de Cambridge, a mis au jour les deux premiers volumes du catalogue des manuscrits grecs, latins, anglais, romans, de Trinity[1]. Ce catalogue est rédigé avec le soin et la compétence dont M. James avait donné la preuve dans ses précédents catalogues des manuscrits du Collège d'Eton, du Musée Fitzwilliam, dont il est le directeur, de Peterhouse, etc. Si les ouvrages n'y sont pas toujours identifiés, si par suite la bibliographie laisse à désirer, les manuscrits sont décrits avec une minutieuse exactitude; les *incipit*, donnés lorsqu'il y a lieu, permettent au lecteur compétent de déterminer les ouvrages. Tout ce qui concerne soit l'ornementation soit l'histoire des livres est traité avec un soin particulier. Désireux de réserver à la publication des textes le plus d'espace possible, j'ai pu, en bien des cas, abréger la description des manuscrits que j'étudiais, renvoyant le lecteur aux notices de M. James.

B. 14. 39, 40. — Vie de saint Nicolas, par Wace. — Extraits du Miroir de Robert de Gretham. — Femina. — Extrait de Gautier de Bibbysworth. — Dialogues français, etc.

Ce manuscrit porte les deux numéros 39 et 40 parce qu'il formait autrefois deux tomes, et, en effet, il se compose de deux parties originairement distinctes, et d'époques différentes,

---

1. *The Western manuscripts in the library of Trinity College, Cambridge.* Cambridge, University Press, gr. in-8º; t. I, 1900; t. II, 1901. Le tome I contient

qui ont été reliées en un volume[1]. Hickes le cite à plusieurs reprises dans son *Thesaurus*[2] et même en a extrait un morceau important, une vie de sainte Marguerite en vers anglais, qui a été réimprimée en 1862[3]. En 1841, Thomas Wright publia, d'après le même manuscrit, quelques pièces anglaises[4]; puis, en 1844, il le cita à propos de la légende, en vers français, de saint Furseus (c'est une partie du *Miroir* de Robert de Gretham), et en imprima 21 vers[5]. Mais, en 1849, lorsque N. Delius préparait son édition de la *Vie de saint Nicolas*, par Wace, le manuscrit manquait sur les rayons[6], et depuis lors la même constatation a été faite mainte fois[7].

En 1886, décrivant ici même les manuscrits de l'Université de Cambridge, j'exprimais l'espoir que le précieux livre de Trinity College se retrouverait quelque jour[8]. Cet espoir s'est réalisé. Depuis 1896, il a repris sa place sur les rayons de la Bibliothèque. Il n'avait pas été volé, comme on l'avait craint. Il avait été emprunté irrégulièrement[9] par un fellow de Tri-

---

les mss. de la classe B, le tome II ceux de la classe *R*. Le troisième volume, actuellement sous presse, est réservé à la classe *O* (mss. Gale).

1. La reliure actuelle paraît dater du commencement du xixe siècle.
2. *Linguarum veterum septentrionalium thesaurus grammatico-criticus et archæologicus*, auctore Georgio Hickesio, S. T. P. Oxonie, MDCCV. — Voir pp. 146, 149, 154, des citations de la vie de Saint Nicolas; pp. 154, 155, du traité intitulé *Femina*, et p. 224, la vie en vers anglais de sainte Marguerite. De plus, Hickes donne le fac-similé de quelques lignes sur la deuxième des planches placées en regard de la p. 144.
3. *Seinte Marherete, the meiden ant martyr*, in old english, first edited from the skin books, in 1862, by Oswald Cockayne, and now reissued. London, 1866 (*Early engl. Text Society*), p. 34-43. Cette édition n'est autre que celle de 1862, à laquelle on a mis un nouveau titre et ajouté un avertissement et quelques notes.
4. *Reliquiæ antiquæ*, I, 48, 144, 170.
5. *Saint Patrick's Purgatory* (London, 1844), p. 11.
6. *Maistre Wace's St. Nicholas* (Bonn, 1850), p. XII.
7. Par Cockayne, préambule de l'édition de sa *Seinte Marherete* (1862); par A. Way, préface du t. III du *Promptuarium parvulorum* (1865), par M. Ed. Stengel, notice du ms. Digby 86, p. 66-7 (1871), etc.
8. *Romania*, XV, 298.
9. Du moins il n'existe aucune mention du prêt.

nity, qui, étant allé occuper dans le nord de l'Angleterre une prébende dépendant du collège, emporta par mégarde dans sa nouvelle résidence le manuscrit en question, et quelques autres documents appartenant à Trinity. Après sa mort, en 1895, le paquet fut retrouvé, non ouvert, et le manuscrit, avec les autres documents de même provenance, fut renvoyé à Trinity[1]. Comme je l'ai dit plus haut, le volume actuel formait autrefois deux tomes ayant chacun sa pagination propre. Le second tome commençait à l'article *Femina*, dont il sera traité plus loin. Depuis peu, une nouvelle pagination, s'étendant à tout le volume tel qu'il se présente actuellement, a été faite. Le manuscrit ayant été minutieusement décrit dans le catalogue de M. James, je me bornerai à étudier et à faire connaître par des extraits les parties françaises.

Au fol. 34 *b*, entre des pièces très variées, les unes en latin, les autres en anglais, se trouve le sermon bien connu, et souvent attribué à l'archevêque Étienne de Langton, qui a pour texte la chanson *Bele Alis matyn se leva*. Il suffira de signaler cette pièce dont on a de nombreuses copies[2]. Présentement je passe à l'examen de textes plus importants.

1. *Prière à Jésus-Christ.* — Cette prière, en sixains alternativement français et anglais[3], fait suite à la vie anglaise de sainte Marguerite, imprimée par Hickes, *Thesaurus*, I, 222-31, et réimprimée par O. Cockayne. Hickes en a reproduit (*ibid.*, 144) le début en fac-similé. En voici les premières strophes :

---

1. Ces renseignements sont extraits d'une lettre adressée au *Times* à la date du 11 juillet 1896, par M. Aldis Wright, *fellow* et ancien bibliothécaire de Trinity. Une découpure de cette lettre est insérée en tête du manuscrit. C'est en 1863, d'après M. A. Wright, qu'eut lieu le déménagement du fellow dans l'appartement duquel se trouvait le ms., mais le livre devait avoir quitté les rayons de la bibliothèque depuis longtemps déjà, puisqu'en 1849, Delius l'avait fait chercher vainement.

2. Voir *Hist. litt. de la Fr.*, XVIII, 65; XXIII, 254; Lecoy de La Marche, *Chaire française au moyen âge*, 2ᵉ édition (1886), p. 91-3; G. Paris, *Mélanges Wahlund*, p. 9.

3. On a composé en Angleterre d'autres poésies où l'anglais est mêlé, de diverses manières, au français; voir, par exemple, *Romania*, IV, 381, et, dans le ms. Gg. 4.27 de l'Université de Cambridge, une pièce publiée en 1864 par H. Bradshaw.

I Jhesuchrist le fiz Marie, (fol. 24)
   Cil ke tut le munde fist,
   De nus eit pité e merci,
     Si li plest,
   Ke nos almes ne seint dampnées
     Par nul maufet.

II Loverd Christ thou[1] havest us
              [bought,
   Thou madest al this word of
              [nought,
   We biddet the with word ant
              [thought,
     Conseil ant red,
   That oure sole ne be
     Furlore for no qued.

III Sire Deu, vus eistes tel,
   Pere de tere et de cel,
   Plus douz ke mel
     Kaunt il est chaud;
   A vus nus devum obliger,
     Sire, an haut.

IV Loverd Crist, as thou art king,
   Fader ant sone, of alle thing,
   Thou yef us alle god endeng
     Ant ti love
   That we moden to thi blisse
     Alle come.

V A un piler fu lié
   E pur nus peccheurs turmenté.
   Sire, merci par charité,
     Par amur,
   Ke nus ne seum acumbré
     Nuyt ne jour.

VI Ibounden e was to a piler
   Ant al to-torn was is her;
   Sire, merci par charité,
     Fur Godes love,
   Milde bete thi swete cheres
     Marie sone.

VII Mort desour la crois suffri,
   Marie e seint Jon le vi,
   E se ke penderent encouste de li
     Le du laron;
   Le un li cria merci :
     Il out perdun;
   Li autre aval cheït
     En pu parfum.

VIII Deet he tholede up on the tre
   Ant wuden bothen two ant thre
   To save tho that hise ben,
     Ant luder ben comen.
   Jhesu thi blisse us bi see
     For thi swete moder love.
                  Amen.

2. *Vie de saint Nicolas*, par Wace. — On connaît de cette légende cinq mss. : celui que nous décrivons, deux à la Bodléienne (Douce 270 et Digby 86), un à l'Arsenal (3516, fol. 69) et un à la Bibl. nat. (fr. 902, fol. 117). Un seul, celui de l'Arsenal, a été exécuté en France; les quatre autres sont d'origine anglaise. Le plus ancien et le meilleur est le ms. Douce, qui est la base de l'édition donnée par Delius en 1850. Delius a fait aussi usage du ms. Digby et regrettait, comme on l'a vu

---

1. Ms. *you*, mais, pour éviter toute confusion, et n'ayant pas à ma disposition le *thorn* anglais, j'écris *th* ici et ailleurs. De même, plus loin, j'emploie *y* et *gh*, selon les cas, pour le *yoke*.

plus haut, de ne pouvoir consulter le ms. de Trinity, déjà disparu. Le ms. de l'Arsenal a été reproduit par Monmerqué, en 1834, pour la Société des Bibliophiles français, qui, à cette époque, tirait ses publications à trente ou quarante exemplaires [1].

Si Delius n'a pu utiliser le texte du ms. de Trinity, son édition n'y a pas beaucoup perdu, car la leçon qu'offre ce ms. est incomplète [2] et bien souvent fautive. On en jugera par le spécimen qui suit. Pour faciliter la comparaison, je joins, entre ( ), la concordance avec l'édition. On verra que le prologue manque à peu près complètement (les deux premiers vers sont l'œuvre d'un copiste), et que beaucoup de rimes sont dénaturées au point que, si on n'avait le secours des autres manuscrits, on pourrait croire que le poème a été composé par un Anglais du XIIIe siècle.

    De seint Nicholas ai pensé, (f. 48)
    Un seint de grant autorité.
    En romauns dirrum un petit (40)
4 De ceo ke le latin nous dit,
    Ke li lai le puysent a[n]tendre
    . . . . [3]
    De Patre fu né, de une cité
8 Noble e riche de antiquité;
    Mès puys est la chose empiré,
    A bon pruf tut amenusé.
    Pere e mere out de grant hautesse,
12 De parenté et de richesse. (51)
    Asez urent or e argent
    E mout vivai[e]nt seintement,
    E tel enfaunt vodreient aver
16 Dount il puysent fere lour eir,
    Nent soul de lour manauntise
    Mès de tut lur conquest en autre
                     [guise.

    Tel fu cum il desiraient; (58)
20 Nicholas par noun l'apelaient.
    Ne eurent enfaunt que soul cestui :
    Taunt l'urent plus cher aumbedui.
    Petit fu a lettre mis, (68)
24 Par grant entente fu apris.
    Encore petit en berz jesout, (62)
    De soul la mamelle vivout.
    Si junout pur Deu amour :
28 Ne leitout que une fèz le jour,
    Al megredi e al vendredi; (66)
    Si li out Deus de sa grace empli.
    Quant plus crust, plus amenda,
32 Ke plus servi, Deus plus l'ama.
    La n'ert bachilers tut fourmez, (72)
    De taunt de bountés alosés.
    Sun pere prist definemen
36 E sa mère ensement;
    De Nicholas firent lour eir,

---

1. Le volume de Monmerqué contient quelques autres textes relatifs à saint Nicolas, notamment une version en prose.
2. Elle omet notamment les vers 1350-1457.
3. Le vers omis est, dans le ms. Douce, *Qui ne sevent latin entendre*.

De quant ke il purraient aver;   Teus i a ke de poverté
E Nicholas tut departi,   Sount venuz en grant plenté. (89)
40 Teres, mesouns, tut se feus vendi;   Ce povre houme out treis puceles,
Si dona tut a povre gent, (b)   52 Treis soue[s] files asez beles;
Ne fist autre reposement. (81)   Entre eus katre ne urent ke
                                                                 [prendre,
Uns povres houme iluc maneit   Ne a engager ne a despendre ;
44 Ke riches jadis esté aveit,   De vivre conseil ne troveient
Mès en poverté ert venuz ;   56 Si a bordel[1] nen aleient.
De ceus avum plusours vuz   Sein Nicholas pité en prist; (98)
Ke de grant aver ke il aveient   Ore oiez cum faitement le fist.
48 En poverté grant descendeient.

Voici un autre morceau que je cite parce qu'il contient une série de vers qui manquent dans le ms. Douce, entre les vers 1283 et 1284 de l'édition de Delius[2] :

Grand dol aveit par la meson; (f. 55 d)   Grant mal m'est avenu en poy d'oure
Ki dolent se le pere nun ?   (1275)   Deus ! ke pecché m'est coru sure !
« Las ! dolent », fet il, « cheitif !   Nen avei unkes nul enfaunt
Ne me en chout si mès ne vif,   For sul celi, si li amai taunt.
Quant si tost ai mun fiz perdu.   Perdu ai mun fiz e mun her;
E Deus ! si poy jel ai eü.   Ne qui jamès nul autre aver.
E Deus ! taunt fu le quand jel oy !   Beu fiz, beu chers, taunt mar vus vi !
E Deus ! pur quei me dura si poy ?   Mort, ke fet (sic) tu ? ven, si me osci ;
Ma joie me a durré petit.   Mort, car me prens; si me rent
Ore ai grant dol ; veirs dist ki ce dist :   Celui dunt ai le quer dolent.
Après grant ris grant plur ; (1282)   Beu fiz, de ceo sui angusus
Après grant joie graunt tristur[3] ;   Ke je ne puse murir pur vus.
Après graunt gaine grant domage ;   Ey ! sein Nicholas, ke en fray
Après grant sauncté vent grant rage.   De mon enfaunt ke perdu ay ? »
Uncore uy matin al jur   Li pere e la mere ploreient, (1284)
Nen avey mal ne dolor ;   Pleinent sai, si paumeient. . . . .

---

1. Les autres mss. donnent *Se en galice* (Douce), *Si a galice* (B. N. fr. 902), *Se al gaeliz* (Digby). La bonne leçon *S'a gaelise* ne se trouve que dans le ms. de l'Arsenal (donnée en variante par Mommerqué, p. 305) ; elle avait été restituée par M. Tobler (*Romania*, II, 239).

2. Ils se trouvent aussi dans les autres manuscrits, par ex. dans B. N. fr. 902, fol. cxxv, et dans Digby. Delius a eu tort de les considérer comme une addition postérieure.

3. Ce proverbe se rencontre fréquemment, avec des variantes : Le Roux de Lincy, *Livre des prov.*, 2e éd., II, 240, 472.

Voici la fin (fol. 56 b) :

Ben deit hum bon seinur amer (1340)
E servir e honorer.
Ki ben sert bon seinur
Prou i avera e honur.
Bon sire sun sergaunt pas ne oublie
Quant veit ke il ad mester de aïe.
Pur ceo ke il aveit amé
Sain Nicholas e honoré,
Li mustra ke il li amout
E ke de li li remembrout. (1349)
   Oez ke nus trovum lisaunt : (1458)
Ke li bers ert¹ en sun vivaunt,
Uns hume ert pelezinus ;
Taunt ert febles, taunt dolerus
Ne poeit sur ses pez estere
Ne sez mains a sun chef trere².
Pelenus (sic) est de tele nature
La ou se prent lungement dure ;
Ja del membre la ou il levera
Aider sai ne ne purra ;
Si li fet les membres seccher
Ke il ne se put ren aider. (1469)
Un hume ke out ceste enfermeté
Ne poeit aver saunté.
De une vile ou il mis aveit (c),

Ke Suun apelez esteit,
Fu a sein Nicholas mené,
Sur un cheval fu aporté
Li seint hume ou meister esteit :
Karame ert, si juneit.
Cil ke le malade mena
Sein Nicholas pur li pria
Ke Deu priast e requist (1480)
Ke cel malade sein fe[ï]st.
Savez ke sein Nicholas fist ?
Del oile de la laumpe prist,
Si en oignt le cors envirun
E fist a Deu un oreisun.
De ke il out fet, cil saili sus
Tut sein, unkes ne fu plus ;
Cil ke einz ne pout aler
Ne sai aider ne mover
E ke aveit le pelezin
Tut sein ala sun chemin. (1491)
Deu prium nostre seinur (1530)
Ke pur ce seint e pur sa amur
Nus doint de pecchez pardun
E vivre en confessiun,
Ke oud li regner pusum (1534)
In secula seculorum. Amen.

Deus, qui beatum Nicholaum pontificem tuum innumeris decorasti miraculis, tribue nobis graciam ut, ejus meritis et precibus, a gehenne incendiis liberemur, per Do. n. J. Ch. f. t.

3. Traduction en vers du *Veni Sancte Spiritus*. — L'écriture de cette pièce est différente de celle de la vie de saint Nicolas. Elle ne paraît cependant pas sensiblement plus récente.

Veni, Sancte Spiritus (f. 56 c)
Et emitte celitus
Lucis tue radium.
Veni, pater pauperum,
Veni, dator munerum,
Veni, lumen cordium.

Seint Esperiz, vus venez
E del ceil nus amenez,
De ta lumere nus relumet ;
De poveres pere cheir, venet ;
Dons de graces nus donet
E nos queris alumez. (f. 56 d)

---

1. Corr. *fist*. — 2. Voilà deux rimes bien corrompues ; Douce *ester-lever*.

Consolator optime,	Tu es très bon consileir,
Dulcis hospes anime,	Duls hoste de alme, salus a amer,
Dulce refrigerium,	E duce freidure ;
In labore requies,	Repos de traval tu es sur,
Iu estu temperies,	Refreidure en ardur,
In fletu solacium.	En plures es conforture.
O lux beatissima,	O lumere très benuré,
Reple cordis intima	De ta grace le queor empler,
Tuorum fidelium.	Ke en tay unt cremor (*corr.* creance),
Sine tuo numine	Car, sanz ta deïté,
Nil est in homine,	Nule reyn ne est alumé
Nil est innoxium.	E sumus en nusance.
Lava quod est sordidum,	Ceo que soylé trovez lavez,
Riga quod est uridum,	Ceo que secce est arrosez,
Sana quod est saucium,	E ke foryehe le adressez ;
Flecte quod est rigidum,	Ce que red est le abeseiz,
Fove quod est frigidum,	E si freid si nuriseiz
Rege quod est devium.	E nos plaies tretus sanez.
Da tuis fidelibus	De grace te seit dons donnez
In te confidentibus	A nus ke sumus feus clamez,
Sacrum septenarium	Sire, par ta franchise,
Da virtutis meritum,	Eci vivere et morir,
Da salutis exitum,	Ke nus pussuns a ceil venir
Da perhenne gaudium.	En ta grant eglise. Amen.

4. *Les pronostics d'Ézéchiel.* — Ce court texte a été écrit, sur une page restée en partie blanche, par une main plus récente (XIVe siècle) que ce qui précède et ce qui suit. La pièce tout entière, composée d'environ 80 vers, a été publiée par Jubinal, dans ses *Jongleurs et Trouvères*, p. 124, d'après le ms. Bibl. nat. fr. 837, puis par moi, d'après un ms. de Rouen, dans le *Bulletin de la Société des anciens textes*, année 1883, p. 89. J'ai donné à cette occasion la liste des manuscrits qui la renferment[1], et quelques renseignements sur les diverses rédac-

---

[1]. Cette liste, qui se compose de huit manuscrits, pourrait être augmentée. Le même poème se rencontre encore dans les mss. de Chartres 334, de Lille 130, dans un ms. ayant appartenu à M. de Verna (*Bibl. de l'École des Chartes*, LVI, 683), dans un ms. de Turin (*Rev. des l. rom.*, 4e série, VIII, 38), dans un ms. de Modène, etc.

tions qu'on possède de ces pronostics. J'ai dit que les textes latins comme les textes grecs étaient généralement placés sous le nom d'Esdras, ou, parfois, sous celui de saint Denis, et que je ne les avais jamais vus attribués à Ezéchiel. J'ajoutais toutefois (p. 87 du *Bulletin*) que l'attribution à Ezéchiel devait provenir de quelque rédaction latine de moi inconnue. Cette conjecture était fondée : M. L. Delisle a signalé un ms. latin où ces pronostics sont en effet attribués à Ezéchiel [1].

Ici la pièce n'est pas complète : on n'en a copié que les 10 premiers vers.

> En terre de labour et de promissiun (f. 57 *a*)
> Estoyt nn prophete ja [2], Ezechyel out nun.
> Mult savyet del secle et de le lay dyvyne.
> Mult ama Deu et Ja sue doctrine.
> Puys qe il ert enfaunt todis leva matin,
> Ala a l'escole pur aprendre latin.
> Taunt se dona as ars et a sen des autors,
> Les signes des esteiles sercha et les curs.
> Taunt oyt et aprist de touts escriptures
> K'il saveyt de le temps tote[s] les aventures.

5. Morceaux tirés du *Miroir* de ROBERT DE GRETHAM. — En 1886, dans mon mémoire sur les mss. français de l'université de Cambridge, j'ai donné de ce curieux poème une notice à laquelle je ne puis que renvoyer le lecteur [3]. Je rappelle seulement que l'ouvrage, dédié à une dame nommée Aline, est une exposition des évangiles des dimanches et fêtes, où sont incorporés de nombreux récits de miracles et autres histoires édifiantes. J'en connaissais alors deux exemplaires : celui de la Bibliothèque de l'université de Cambridge (Gg. 1.1) et celui du Musée britannique (Addit. 26773). Aucun des deux n'offre un texte complet : le premier abrège le texte en certains endroits [4] et de plus a perdu un feuillet entre les ff. 252 et 253; le second, par suite de mutilations du ms., commence au troisième

---

1. *Mélanges de paléographie*, p. 194.
2. La bonne leçon est : *Out jadis un prodome*. Il me paraît superflu de donner des variantes à ce mauvais texte : on pourra le comparer avec les deux éditions mentionnées plus haut.
3. *Romania*, XV, 296 et suiv.
4. C'est du moins ce que j'ai cru remarquer en comparant ce ms. avec les autres. De plus, il y a au commencement une répétition. La rubrique,

dimanche de l'Avent, et est aussi incomplet de la fin. En plus de ces deux manuscrits, j'avais pu établir, grâce à quelques vers cités par Th. Wright dans son livre sur le Purgatoire de saint Patrice, que le même ouvrage se trouvait dans le ms. de Trinity alors considéré comme perdu [1]. Mais je m'étais trompé en supposant que ce manuscrit contenait tout le *Miroir*. En réalité il n'en contient que des extraits, dont je donnerai tout à l'heure l'indication précise. Cette information n'est pas la seule que j'aie à ajouter à ma notice de 1886. Depuis lors, en effet, j'ai eu connaissance de deux nouveaux manuscrits (ce ne sont il est vrai que des fragments) du même poème. L'un appartient à la bibliothèque du Chapitre de la cathédrale d'York, l'autre m'a été communiqué, il y a une quinzaine d'années, par un généreux bibliophile, feu Eugène Piot [2]. Le fragment d'York, coté 16 k. 14, se compose de six feuillets de parchemin à deux colonnes par page et à 37 vers par colonne. Il contient donc environ 880 vers. L'écriture est de la seconde moitié du XIIIe siècle. J'en ai préparé, en 1887, une notice suffisamment détaillée, ainsi que d'autres manuscrits français de la même bibliothèque. Le temps m'a manqué jusqu'ici pour publier ce travail. Mais je profite de la présente occasion pour décrire le fragment du *Miroir*. Lors même qu'il était entier, le ms. d'York n'a jamais contenu le texte complet. C'est une série d'extraits tout à fait analogues à ceux que renferme le ms. de Trinity College. L'exposition proprement dite de l'évangile dominical a été supprimée, les exemples seuls ont été conservés. Le fragment d'York commence ainsi (premier dimanche de l'Avent) :

In illo tempore dixit Jesus discipulis suis : Erunt signa in sole et luna, etc. [Luc. XXI, 19] [3].

Uns curtillers prudume esteit   Quanque il poeit esparnier,
Ke Deu amout et Deu cremeit.   Fors sul sun cors a sustenter

---

après le prologue, est ainsi conçue : *Dominica prima Adventus Domini*, mais le texte qui suit, *Cum appropinquasset Jesus Ierosolimis et venisset Bethfage* (MATTH. XXI, 1), est le commencement de l'évangile des Rameaux, et le même sermon reparaît plus loin, à sa vraie place, fol. 180.

1. *Ibid.*, p. 298.
2. Ce fragment, assez endommagé, se compose de deux feuillets, à deux colonnes par page et à quarante-deux vers par colonne. Je ne sais ce qu'il est devenu. J'en ai pris copie.
3. Se trouve dans le ms. de l'université de Cambridge Gg.1.1, fol. 141 *c*.

E ses ustils a achater,
A povres solt trestut duner.
A une feiz se purpensa :
« Eissi¹, » fet il, « plus n'en ira,
Si jeo chai en langur
Qui me feit² pur nient sujur ?
Si jeo devienc vielz et defreiz
Ki me durra pur nient cunreiz ?
Mieuz me valt aukes retenir
Dunt jeo me puisse sustenir ;
Que qu'en vienge [ne] que que nun,
Ki rien ne tient mult est bricun.
Tut n'ai femme, n'ai enfaunz,
Mes aveirs me serra guaranz. »
Cum out pensé si l'ad fet :
Deners acoilt, deners acreit ;

Tant en fait, si cum li p[l]ot,
K'empli en ad un grant pot.
Ne demurro (sic) pas lungement
Ke Deu n'en prist vengement :
Uns mals en l'autre pié est feruz³,
Dunt mult est maz et esperduz.
Ne pot uverer, ne pot aler ;
A l'un pié pot a peine ester.
Mires en ad plusurs mandé ;
De sun aver mult ad duné.
Ke qu'il prumet, que qu'il dunt,
Cum pur garir rien ne li funt.
En mires tant despent li soz
Que trestut est voist⁴ li poz,
Ke cil que Deu ne volt aider
Pur nient se fera meciner...

Suivent les exemples du dimanche de la Quinquagésime, du jeudi après le premier dimanche de carême, du troisième et du quatrième dimanche de carême, du dimanche de la Passion, du deuxième dimanche après Pâques, ce dernier incomplet par suite de l'état du manuscrit. Je transcris ici ce qui subsiste de cet exemple. On pourra comparer ce nouveau texte avec le morceau correspondant du ms. de l'Université de Cambridge que j'ai publié dans la *Romania*, XV, 303. Les variantes données à cet endroit montrent que le ms. d'York se rapproche beaucoup du ms. de Londres :

Ego sum pastor bonus, etc. [Jo. x, 11] (fol. 6 c).

Dunt avint jadis a un prestre,
Qui de Canterbire⁵ estoit mestre.
Quant lunges i out cumversé
4 Si s'est cuntré lit chuché ;
E, quant il quida devier,

Devant lui vint un bacheler ;
La mein li tendi, si li dit :
8 « Vien tei ici ad mei », et il si fist.
U ne volsit u ne deignast,
Cuvint lui qu'ove lui alast,

---

1. Mieux, dans le ms. de l'Université, *issi*.

2. Il faut corriger *fera*.

3. Cette leçon, évidemment mauvaise, se retrouve (voir plus loin p. 32), dans le ms. de Trinity. Mieux dans le ms. de l'Université : *Un maus li est al pié f*.

4. Mieux, ms. de l'Univ., *voidez*.

5. Le ms. de Trinity a la même faute (*Canterbury*). La bonne leçon serait *Cnaresburg* (Burgh Castle).

E en plusurs lius l'amena
12 E multes choses lui mustra.
D'enfer lui mustra le parfunt
E les poines qu'ilocs sunt ;
E puis le mena vers le ciel
16 U il vit e truva tut el.
Mès, quant al ciel aprocerent,
En l'eir un feu mult grant truve-
   [rent.
Li feus ert a merveilles grant
20 E mult horible, mult ardant.
Li guiurs est lores entrez
E li presteres s'est arestez.
Einz el feu li guiur entra,
24 Mès unques li feu nel tucha.
Atant reguarda il le prestre ;
Si li dit : « Vien avant, danz
   mestre ; (d)
Ja de cest feu ne te ert le pis
28 Fors sul de tant cum tu as mespris :
Tant arderas einz en icest feu
Cum tu as pris et nient rendu. »
Mult a envy e mult pensis
32 Li prestres einz el feu s'est mis ;
Li feu de tutes parz esteit,
Mès unques point ne [l'] adeseit.
Tut cel feu vit il repleni
36 D'almes ardantes od grant cri ;
E li debles les turmentolt

E l'un sur l'autre ad crorcs (sic)
   [ruolt ;
Od crorcs (sic) ardanz, mès ferins [1]
   [erent,
40 Les almes sanz merci geterent :
Nule n'esteit par sei several,
Mès chescune ert a altre mal ;
Chescune ert a autre peine ;
44 Si crierent a dure aleine.
Del crí, del plur, del guaiement
Iert li prestres en grant turment.
Quant il vint el feu bien avant,
48 Est vus un deble a fort curant,
Les oilz ardanz mult ruelout
E de sa bouche eschivout [2] ;
Un alme ardant en sun crorc tient
52 E vers le prestre grant curs vient [3],
Et criet fort en sun esleis :
« Di va l tréitre, fel malvais,
Prenc celui que tu as tué. »
56 Si ad sur lui l'alme rué.
L'alme descendi sur le prestre,
E si li art l'espaule destre.
L'arsun a feit mal li feseit,
60 Ceo li est vis murir deveit ;
Que d'arsun que d'espuntaille
La quida remeindre sanz faille.
(*Le reste manque.*)

Le fragment Piot, qui paraît écrit au commencement du XIVe siècle, appartenait à un manuscrit de l'ouvrage complet. Les morceaux qu'il renferme correspondent aux feuillets 198 c-199 c et 211 b-212 b du ms. de l'Université de Cambridge. Je ne juge point utile d'en citer aucun extrait.

Revenons maintenant à notre manuscrit de Trinity College. Il nous offre à peu près les mêmes extraits que le fragment d'York et commence de même. Seulement le texte est fort corrompu. Je donnerai en entier le premier morceau et les premiers vers des suivants.

---

1. C'est bien *ferins* et non pas *ferms* ; ms. de Londres *de fer*. — 2. Il y a plutôt *eschinout*. — 3. Il faut *tint-vint* ; même faute dans le ms. de Londres.

In illo tempore, dixit Jhesus discipulis suis : Erunt signa[1]*...* (f. 58).

Uns curtilers prudume esteit
Ki Deu ameut e Deu cremeist.
Quant qui il poeit esparnier,
Fors sul sun cors a susteiner
E ses ustils a achater,
A povres sout tretut doner.
A une fez se purpensa :
« Eisse, fet il, plus m'en (*sic*) ira.
Si jeo chai en langur
Ki me fra pur neint sujur ?
Si [j]eo devenge veils e defreiz
Ky me durra pur neint cunrei ?
Meus me valt auke retenir
Dunt jeo me pusse sustenir :
Que ke venge [ne] que ke num
Ki ren ne teint fet est bricun.
Tut n'a ge femme ne anfans,
Mes averis me cerra guaraunz. »
Cum out pensé, si l'a feit :
Deners acolit, deners attret [2],
Tant en feit, si cum li plout,
Ke emplé ad un grant pot.
Ne demurra (*sic*) pas longement
Ke Deu ne prist vengement :
Un mal en l'autre pé e feruz,
Dunt mut est maz e esperduz.
Ne pot uverer, ne pot aler ;
Al un pé pot a peine ester.
Mires en ad plusurs mandé ;
De sun aver mut a doné.
Quei ke il premet, quei ke il dunt,
Cum pur garir rein ne li funt.
En mires tant despent li coz (*sic*)
Ke tretut est voist li poz, (*b*)

Ke cil ke Deu ne volt a[i]der
Pur neint se fra mediciner.
A sa part fin (*sic*) se purpensa
De un surigien ke il manda,
Saver si celui le garreit :
Tretus se dras li en doreit.
Il ne aveit plus a doner ;
Tut out despendu des anter [3].
Menez i unt li surigier,
E il lui feit sun pé garder.
Ben li a dit ke ja n'ert cein [4]
Si il ne le coupe a l'en demain.
Si cum celui l'at divisé,
Li cortilers l'a tut granté.
Celui s'en va pur ces ustilis,
E celui rement mauz e mariz.
De ces mesfèz mut se repent,
Merci demande e acordement :
« Sire, merci, Deu de vertu,
Mi benfeis serunt il perdu ?
Ben le savez coment le fis.
Tut ai jeo ore mespriis. »
A ces paroules s'endormit.
Un home devant lui vist
Li pé li at ben maniés,
De tute pars l'at esgardez,
Puis li at dit tut en estant :
« Dormez, cheitis mescreant.
Ke sunt devenu ti deners
Ke plus eivus [5] ke Jesu chers ?
Pur tai garir tu les ciuilis [6] ;
Perdu les as e tu peris. »
E cil comence en sun dormant
Merci crier pur Deu grant. (*c*)

---

1. Luc. XXI, 25, premier dimanche de l'Avent. — L'original du récit qui suit est dans les *Verba Seniorum*, traduits du grec par le diacre Pélage, Rosweyde, *Vitæ Patrum*, l. V, libellus VI, § 21 (Migne, *Patr. lat.*, LXXIII, 892). Une rédaction italienne en a été publiée dans la *Romania*, XIII, 28.

2. On peut lire *accret*, mais *attret* convient mieux. — 3. Ms. de l'Univ. *del sauteer*. — 4. Même ms. *sein*. — 5. Même ms. *oüs*. — 6. Pour *cuilis* (ms. *ciuilis*); ms. de l'Un. *cuilez*.

Ben l'ad premis, c' il gariseit,
Ke tele muere[1] pies ne fereit,
E si l'en at pris par la main.
« Levez, » fet il, « le pé as sein[2]. »
Sun pé li at tantot mustré
Dun[3] ausi sein cum il fu né.
Veez, seingnurs, ke fet richesse :
L'alme destruit, le cors blesse.
E cument pora estre sage
Ki ren eime erit[4] sun dampnage ?

Certes, mut par est fol amer
Ke de sun gré se leist blescer.
Pur Deu gardez a la lessum
Ke Jesus dit en sun sarmun :
Quant arbres sunt floré[5]
Dunc savez ke près est le esté. »
Ke par ceus ke eiment le munde
E par le bares ke il funt
Poüm saver pur verité
Ke mut est près le regne Dé[6].

In illo tempore miserunt Judei ab Jerosolymis[7].

Uns hermites seint home esteit
Pur ki Deus grant vertue feseit.
Un prestre sout a lui venir
Pur messages[8] dire e Deu servir.

Un home le prestre at accusé ;
Di ki il est plein de mayesté.
Li heremite en est très bien creant...

In illo tempore..., ascendente Jhesu in naviculam[9]... (f. 59).

Seint Gregories conte de un home,
Estephene ot nun, si mist a Rume ;
A meimes del musteir maneit
Ke a seinte Cecilie esteit ;
E pur aleiser sun purpris

Un pain del auter aveit pris.
Li proveris li diist sovent
Ke il feit le amendement.
Riches home erit e mut poant,
Ne le vost oïr tant ne quant...

In illo tempore... assumpsit Jhesus .xij. discipulos suos[10]... (f. 59 d).

Un frere out temptaciun
De fere fornicaciun ;
Avint issi ke s'en ala,

En Egipte avala ;
Ilue ama la fille de un prestere
Ki de sa barguine erit mestre...

---

1. Lire *uevre*; même ms. *ovre*. — 2. Le copiste a fait ici un bourdon. Voici, d'après le ms. de l'Université, les vers qui manquent : *Atant s'en est celui turné,* | *Cil saut et tut sain l'ad trové.* | *Li sirogers vint al demain* | « *Va t'en* », *fet il,* « *jeo sui tut sain* ». — 3. Même ms. *Tut*. — 4. Même ms. *a*. — 5. Même ms. *afructisé*. — 6. Luc. xxi, 30, 31.

7. Jo. I, 19 ; troisième dimanche de l'Avent. L'original du conte est dans les *Verba Seniorum*, traduits par le diacre Pélage, Roswoyde, 1. V, libellus IX, § 11 (Migne. *Patr. lat.*, LXXIII, 911).

8. Mieux, ms. de l'Univ., *messes*.

9. Math. VIII, 23 ; quatrième dimanche après l'épiphanie.

10. Luc. XVIII, 31 ; dimanche de la Quinquagésime. Le récit qui suit est

In illo tempore... egressus Jhesus cecessit (lis. *secessit*) [1]... (f. 60 c).

Il avint a un sergant
Ke li rei Euvred od mut vailant,
Prus erit e sage, fort e fer,
En Engletere n'out sun per ;
Mès une vice male aveit,
Ke nul home crere nel po[e]it.
U le rei pour avancer
U a sun oes rein purchacer ;
Ne duta faus escusement
Ne faus plainte ne faus jugement...

In illo tempore erat Jhesus eiciens demonium [2] (f. 61 d).

Il avint a une puteinn
Ke out un frere de bon gren
Ke longes out mis en hermitage,
Servi Jhesu par bon corage.
Il vint sa soir visiteir
En sa cité pour sauveir...

Abiit Jhesus trans mare Galilee quod est Tiberiadis [3] (f. 62 c).

Deux freris ensemble maneint
E lur vitale ensemble aveint.
Li uns erit larges e donant,
Li autres chiches et tenant ;
Li uns erit aumoneris a dreit,
Li autres ert duris et estreit.
Une famine vint en terre,
E plusurs vindrent pur pain querre...

Quis ex vobis arguet me de peccato [4] (f. 63) ?

Dunt il avint a un pecchur,
E[n] sun païs ne out peiur ;
Solun ke l'em poit quider,
En mauvestey ne out nul per.
Al chef del corin ci se verti
E sun quor ad bein converti.
E[n] une tumbe se est enclos
U nut ne jur ne aveit repos
De ploure[r] ne de guaimenter ;
Ne hossait les eols al ceil lever ;
Enbrunchiseit, ne oseit parler
Ne le nun Deu par vois nomer...

---

tiré des *Verba Seniorum* traduits du grec par Pélage ; Rosweyde, livre V, libellus v, § 38 (Migne, *Patr. lat.*, LXXIII, 884).

1. MATTH. XV, 21. C'est actuellement l'évangile du jeudi après le premier dimanche de carême, mais ce devait être alors l'évangile du second dimanche de carême.

2. LUC. XI, 14 ; troisième dimanche de carême. L'exemple est tiré des *Verba Seniorum* de Rufin, § 217 (Rosweyde, p. 532 b ; Migne, *Patr. lat.*, LXXIII, 898 b).

3. JO. VI, 1 ; quatrième dimanche de carême.

4. JO. VIII, 46 ; dimanche de la Passion. L'exemple est pris de la vie de saint Jean, l'anachorète, par Rufin (Rosweyde, p. 454 ; Migne, *Patr. lat.*, XXI, 400).

In diebus illis dixit Jhesus... Ite in castellum quod[1]... (f. 64 b).

Un petler[2], un mescreant,
De un burc vint trepassant.
Mut fu ...[3] de saver;
Folement comense a parler
Od un chivaler mut sage,
Cointes estei[t] e de haut parage :
« Sire riches, od tun bel escu,

Vus aveit (*sic*) le ceil perdu,
Deu e sa duce cumpanie;
En enfern eris en male vie.
Poveris serunt e mendians
Le riches, petis e grans;
Le poveris le ceil averunt
E a Deu sempres serrunt... »

In illo tempore dixit Jhesus discipulis suis : Ego sum pastor bonus[4] (f. 65).

Dunc avint jadis a un prestre
Ke de Canterbury ert mestre,
Quant lunges i out conversé
Ci est cuntre lit cuché.

Quant il cuida devier,
Devant lui vint un bachiler.
La main li tendi, si li dist :
« Vein tei od mei », e il ci fist...

In illo tempore dixit Jhesus discipulis suis : Homo quidam erat dives[5] (f. 66).

Uns ensample vus voil retreire
Par quei melz le puisset creire.
Uns moines de seinte vie
Maneit en covent de abeïe,

Et près de l'abbeï asteit,
A une luette tut dreit,
Ert une chapele en un boskel
Mult bel asise en un wascel...

In illo tempore. Cum turba multa esset circa Jhesum[6] (f. 67 b).

Dont il avint a un seint home,
Ki ert erceveske de la Roume,

Ki trestut despendi ke aveiit
Pur famine ke duncs esteit.

---

1. MATTH. XXI, 2 ; dimanche des rameaux. La source du récit qui suit m'est inconnue : c'est un débat entre un pauvre homme et un chevalier; le premier affirmant que le second, en raison de sa richesse, n'a aucune chance d'obtenir la vie éternelle. Le chevalier soumet le pauvre homme à une dure épreuve, du reste assez peu concluante, pour lui montrer que tous les hommes sont en but aux attaques du démon. Il y a quelque rapport entre cette sorte d'apologue et deux exemples latins de J. de Vitri que j'ai publiés dans la *Romania*, XIII, 591-2 et 594, note.

2. L'anglais *pedlar* ?

3. Ms. *mse*, avec un signe d'abréviation sur l'*m*. Faut-il lire *nise* (*nice*) ?

4. Jo. X, 11, deuxième dimanche après Pâques. Le récit est tiré de Bède, voir *Romania*, XV, 303.

5. LUC. XVI, 1 ; deuxième dimanche après la Pentecôte. Un moine, surmontant sa répugnance, donne ses soins à un lépreux et le porte à son couvent. Ce lépreux était Jésus. J'ignore d'où vient ce pieux récit. Il est reproduit en abrégé dans le *Promptuarium exemplorum* (imprimé à la suite des *Sermones discipuli* de Jean Herolt, parmi les *Exempla de M.* (ex. XXX).

6. MARC. VIII, 1 ; sixième dimanche après la Pentecôte.

A poveris e a messaizes
Out tut doné ses richesses,

Puis fist le ferteris escrucer
E chalis venendere (sic) e doner...

In illo tempore... Redde rationem villicacionis tue [1] (f. 68 b).

Un provot gardout une vile :
Mut fu produme en sa baile,
Son seigneur cent mutuns baila,
Et il cent gerces [2] de ceo acata.

Il mult le[s] terres amenda ;
La laine a sun prou tant mena
Ke tres serjans par an sustint,
E[n] sous e en liveresuns meintint...

In illo tempore, cum appropinquasset Jhesus Jeros. vidit civitatem flevit super illam [3] (f. 68 d).

Vez cument il avint,
A un ke longes se retint
De cez pechés dire e gehir,

E purlongua sun repentir.
Il ert un fevere mervilus,
Mut alosé e artilus...

In illo tempore dixit Jhesus discipulis suis : Nemo potest duobus dominis servire [4] (f. 69 b).

Dunt il a un hermite avint,
Que luns en le deserte se tint.
Grant siecle illuc aveit conversé

E od Deu mult servi a gré ;
A grant age venu esteit
Ke trestut ben fluriseit...

In illo tempore, cum transisset Jhesus in domum cujusdam... [5] (f. 70 d).

Dunt il a une meschine avint
Ke folement al mund se tint ;

Tant par ert bele e curteise
Ke plusurs mist en grant mesaise...

Ces extraits se terminent ainsi :

Seinurs, ne vus voil pas loier (f. 72 c)
Ne tut tenir ne tut doner ;
Mès quant les mesages verreiz,

Pur Deu amur, les succurreiz.
Penseiz en, si avereit mesteir.
Ky ben vus feit mut le averet cher ;

---

1. Luc. XVI, 2 ; huitième dimanche après la Pentecôte.
2. Jeunes brebis ; cf. *Romania*, XXIX, 180.
3. Luc. XIX, 41 ; neuvième dimanche après la Pentecôte. L'auteur nous dit avoir tiré ce récit de Bède. C'est l'histoire du moine qui mourut désespéré, contée au chap. XIII du livre V de l'*Historia ecclesiastica*.
4. Matth. VI, 24 ; quatorzième dimanche après la Pentecôte. L'exemple est traduit de l'*Historia monachorum* de Rufin, dans la vie de Jean (Rosweyde, p. 455 ; Migne, *Patr. lat.*, XXI, 401).
5. Luc. XIV, 1 ; seizième dimanche après la Pentecôte. Ce qui suit est la légende de Thaïs (Rosweyde, p. 374 ; Migne, LXXIII, 661).

Penseiz ke estis de une nature ;   Dereit (*sic*) est ke vaugeit mès avant.
Heiez pité e bone cure.   Vostre aveir trestust lerreiz ;
E le aver quel ben vus fra   La gent jammès ne traerez.
Quant la mort vus enguisera[1] ?   Seinurs, tretus garde pernez
Ceo ke pur Deu avereit duné   Que ceo secle est vanitez,
Vus erit ben reguerdoné.   E la richesse de se mund
Malement cuilt grant aveir   Treit la gent a enfeir parfund,
Ke nulle joye ne seit aveir.   Car ky de aver a cuveitise
De ceo ke avez aüné   Il ne aime Deu ne sente Glise ;
Ja joie ne averez demené ;   Sa entente met a sun aveir
Quant la gent aleiz decevant   Car il le quide tut dis aveir.

6. Sermon en vers. — Ce *sermo communis*, selon la rubrique, est une suite de lieux communs sur la vanité des joies du monde et de la richesse, suivis des exhortations habituelles à la pénitence. La pièce se compose de quatorze quatrains de vers variables rimant par *a a b b*. Ces vers sont, en principe, de huit syllabes, mais ils en ont souvent une de moins et parfois une de plus. Quoique le copiste soit visiblement négligent, j'hésiterais à mettre à son compte toutes les irrégularités de versification. L'auteur a probablement sa bonne part de responsabilité. Le texte peut bien être incomplet du commencement. Du moins le premier quatrain n'a pas l'air d'un début de pièce. On peut remarquer aussi que l'auteur s'adresse à un « ami » (quatrain 13), et il peut paraître singulier que cette intention ne soit pas marquée dès les premiers vers.

L'écriture de cette pièce est différente de celle des textes qui précèdent et qui suivent. Nous la retrouverons toutefois à l'art. 10. C'est une écriture caractérisée par l'emploi presque constant de l'*s* courte, non seulement à la fin, mais au commencement et dans le corps des mots.

Sermo communis (f. 73).

1 Ky ke faus sovent en diz[2],   2 Hasard herd (?) riches une pose,
  Tut jurz irat de mal en piz ;   Mèz tut faudra ; ben dire le hose.
  Deu li durat male rage   Lescet vins (gius?) e dez quarrez,
  Si hil ne repentit del utrage.   U vus vivrez en povertez.

---

1. Corr. *eng[r]uisera*. Il y a un ex. d'*engruisier* dans Godefroy, sous ENGRESSER.
2. Il faut entendre : « Qui que *fausse* (= mente) sovent en dits. »

3 Ke ben ne fet, tot se repent;
 E si frews easement;
 Si vus ne apernet ard u engin,
 Vus en averet male fin.

4 Ky ke iveresce e glotonie
 Usit e suit par tute sa vie,
 A la fin ert tard a dire :
 U est li mire, u est li sire?

5 Lesset tute[s] ribaudies
 E pecchés e vilaynies,
 Car la joye poi dura,
 Mès li peine grant sera.

6 Ment un franc dewent vilain
 De dis, de fès et de reclaim,
 Ne mie pur defaute de nature,
 Mè[s] pur defaute de nurture.

7 Lesset orgul sur tute ren,
 Car ele hunit vertue e ben ;
 Le sage hume vus gerpera
 E maluré vus tendera.

8 Lescés voster avanter
 E noveleries cunter,
 Ne ne aymit losenger
 Ne hume ke est enginer.

9 Ment hum ki est de grant gainz
 Ki aver est e vilain,
 E quid estre un sage hum,
 Si est estapé bricun.

10 Ne seet lechur ne glutun (b),
 Ne avantur ne felun,
 Kar Jhesu Crist omnipotent
 Het pechés e male gent.

11 Ki ke est avers, par ma fey,
 Si cum ens nos liveris vey,
 For si isci ne se repent,
 Sera dampné verament.

12 Ky ke vuit sut (sic) de clergie,
 Il dut lescer sa folie,
 Mè[s] ke entre si e Paris
 N'i ust acun si sutils.

13 Ami, ne sehet pas pereceos
 Ne trichur ne irus,
 Car checun de sest pecchés
 Averat male destinés.

14 Si vus peccatis, fay penance,
 Ke vus puchés san dutance
 Murir quant Deu plera,
 Sachés ke ceo vus sauvera.

7. Poème sur la Passion. — On connaît plusieurs poèmes qui ont pour sujet la passion du Christ, mais celui-ci n'a pas encore été signalé. Il est médiocre, et la copie est fort mauvaise. Aussi me bornerai-je à en transcrire deux courts extraits : le commencement et la fin [1].

Seignurs, plaist vus [a] escuter (f. 74)
Cum Deus wint en terre pur nus
 [sauver?]
Cet devum ducement oïr

4 Si nus a lu volum venir.
 Cet munde esteit tuz perduz,
 Que[2] Deu n'i esteit ci venuz ;
 Ainz laumes tut adessé[3]

---

1. J'avais d'abord supposé que ce récit était un dernier extrait du *Miroir* qui aurait été déplacé, mais j'ai vérifié, à l'aide du ms. de l'Université de Cambridge, que, dans le *Miroir*, le récit de la Passion est tout autrement rédigé.

2. *Que*, corr. *Se?*

3. *Sic*, corr. *A. la fumes t. adossé?*

LES MANUSCRITS FRANÇAIS DE CAMBRIDGE

8 Deguerpi et deshonoré,
 Quant li pius Deus nus visita,
 Pur sa duçur, qui nos cria.
 En tere vint pur nostre amur ;
12 Mut devum amer tel seignur.
 Char prist de la Vergine pucele ;
 Sa mere en fit ; ele ert ancele.
 Veez cum grant humilité,
16 Quel duçur e quel pité !
 Que Deus hume pur nus devint,
 En après mort en sustint ;
 Ne se poet plus en[1] humilier ;
20 Tant le devum amer[2] plus cher.
 Trente deus annz e un poi plus
 Fu en cel cecle Crit Jesus
 Pur ensample e pur doctriner
24 Cum nus devum a lui aler

 Par aumoines e orisuns
 De alme, de cors afflicciuns.
 Unques ne fit un sul pecché :
28 Pur le[s] noz fud crucifié.
 Sil le requit humblement[3],
 Uncore le feit il ensement.
 Cil qui sun essample siuverunt
32 E tent sa vie ja n'i faudrunt[4].

 Ore escutet cum Deus vint en
  [Jerusalem,
 Ceo est la cité de Bethleem[5] ;
 La cité vit, si la gardat,
36 Dous disciples i enveat : (b)
 « Alet », dist il, « en cel chastel,
 Un anne e un asniel
 Que vus trov[er]ez m'amenet...

Voici la fin, où l'on reconnaît le récit de saint Matthieu, XXVII, 62 et suiv. :

Li felun s'asemblerent,   (f. 80 c) Ignele pas si dormeient.
Vindrent a Pilate, si li demanderunt Al ters jur si leva sus
Que le sepulcre gardast,   Nostre Sire rei Jhesus,
Que houme Jhesu nen emblast, A ses apostles s'aparut,
Kar dunc, dient, serreit le errur Quarante jurs od eus fu ;
Hastivement, mut peiur[6] :   Si lur mustrat la novele lei,
« Jeo vus comand quel gardez Puis les baisat checun par sei.
Autresi ben cum vus savez. » Issi nus puss'il sauver
Et cil qui veiler i deveient   E [a] sa glorie amener ! *Amen*.

8. Maximes de Marie-Madeleine. — Les douze vers qui occupent une partie de la dernière colonne du feuillet 80 ne

---

1. Suppr. *en*.
2. Corr. *aver*.
3. Ce vers se rattache mal avec ce qui précède ; peut-être le copiste a-t-il omis une paire de vers, ou davantage.
4. *Sic* ; on pourrait supprimer *tent*.
5. Ces deux vers sont inadmissibles, non seulement parce que le premier est beaucoup trop long, mais parce qu'il est invraisemblable que l'auteur ait identifié Jérusalem et Bethléem.
6. « Et erit novissimus error pejor priore ». MATTH. XXVII, 64.

forment sans doute pas un poème complet. Je suppose qu'ils sont extraits de quelque poème moral ou plutôt *gnomique*, comme on dirait s'il s'agissait d'une œuvre antique. Je n'ai point souvenir de les avoir lus ailleurs, et j'ignore pour quelle raison la rubrique est placée sous le nom de Marie-Madeleine. En tout cas, je ne crois pas qu'ils soient tirés d'aucun des cinq poèmes français que nous possédons sur cette sainte.

Hic incipiunt proverbia Marie Magdalene (f. 80 d).

Sachet que sovent mustre le viere
Si li home est fol ou debonere.
Fol semblant suvent indite
4 La folie que in quer habite,
E sovent se repoet celer
Par faint semblant [1] de ben overer ;
Mès meuz vaut aperte folie
8 Ke trop coverte felonie.
Trop tost et trop tart se decovere
Ke le mal ceile de que le muiere [2].
Fol semblant fet fol reduter
12 E bel semblant prodoume amer.

9. Effets des sept péchés capitaux [3]. — Ce morceau est un de ces résumés en forme de tableau synoptique que l'on rencontre souvent dans les manuscrits des derniers siècles du moyen âge. Seulement ces résumés sont en latin, et celui-ci est en français. Les sept vices sont rangés dans cet ordre : *orgueil, envie, ire, accidie, avarice, lecherie, glotonie* [4]. Je me borne à transcrire ce qui concerne les deux premiers.

(Fol. 81) *Orguil fet hume* :

Avancer sei de benes ki il n'at pas en sei,
Feindre sei autre que il ne seit,
Cuntrover noveleries,
Estriver sanz busuin,
Inobedient a Deu e a sun prome,
Pervers e contra[l]ius,
Tenser sanz enchesum.

---

1. Ms. *sembanlt.*

2. Corr. *Ki le mal ceile dusque l'om mueire ?* Mais la rime avec *decovere* (= *descuevre*) est mauvaise, il faudrait *uevre (de que l'en uevre ?)*

3. Je me sers de l'expression actuellement en usage. Autrefois on disait plus ordinairement « les sept péchés mortels »; voy. par ex. le *Tractatus de distinctione peccatorum*, par lequel commence le ms. Digby, 86 (p. 1 de la notice de M. Stengel). et la *Somme le Roi*. Mais on disait aussi quelquefois « vitia capitalia » : voir la note ci-après.

4. C'est l'ordre consacré. Toutefois la « glotonie » est parfois placée avant la « lecherie ».

Envie fet hume :

> Fere traïsun a sun prome,
> Aver joye de autri mal,
> Haïr les bens de autri,
> Grucer pur autri avancement,
> Estre homicide,
> De amer curage,
> Depraver autri bens.

De même pour *ire, accidie, avarice, lecherie, glotonie* [1].

10. Sermon en vers. — Ce sermon pourrait être la suite de celui qui est transcrit ci-dessus sous le n° 6. Il est de même en quatrains et est précédé de la même rubrique *Sermo communis*. De plus, l'écriture est la même.

Sermo communis pls m' (fol. 82 v°) [2].

1 Deu vus dura grant honur
E grant joye e grant vigur,
Ne ja de ceo ne fauderet,
Tant cum de pecché vus garderet.

2 Bon[s] amis en averet
Tant cum leus [3] estere wolet,
E si averez sovent joye;
Jhesu Crist le vus otroiye !

3 Sen e saver e bon deliz
Averez aset e de duz [4];

Mès de une cose vus gardet :
Ke trop avers ne sehet.

4 Quant vus averet jolivé
Et tut le païs acaté,
Pus de Deu recorderet
E a li reverteret.

5 Curteysie e anseynement
Vus [5] apernet e afeitement,
Car une nature pot estre en tay
[mise [6]

---

1. Le ms. de Trinity n'est pas le seul qui renferme ce petit morceau. On en trouve une autre copie dans le ms. I. 4. 4 d'Emmanuel College (Cambridge) qui paraît être de la fin du XIII° siècle, et ne contient d'ailleurs que des écrits latins. Dans ce manuscrit, qui n'est pas paginé, notre morceau prend place à la suite d'un traité « de viciis capitalibus ». Les variantes, par rapport au texte de Trinity sont peu importantes : ainsi, dans le premier paragraphe, *encheisun* au lieu de *busuin*, et dans le second *Fere detractiun de son proeme* au lieu de *Fere traisun a*.

2. Je ne me rends pas compte des lettres *pls m'* qui suivent la rubrique.

3. Loyal.

4. Il faudrait un mot de deux syllabes se terminant en -*iz*.

5. *Vus* pourrait être supprimé.

6. On pourrait supprimer les deux premiers mots. Je soupçonne que l'au-

De celi ke tute ren justice [1].

6 Hehet Marie a amie,
   Deus vus dura lonke vie :
   Hele est cunfort a peccheurs
   E funteine de tus bon murs.

7 Tut le munde vos amarat (sic),
   Ki ke Deu emplayserat ;
   Sur tutis humis serra loué
   Ki ke aint dreit[e] leuté.

8 Par tut se vus[2] amé,
   Cuveyté e desiré
   Pur vostre grant curtasie ;
   Deu vus durat lonke vie.

9 Ky ke est de bone afere,
   Leus e sage, de heté chere,
   Deit amer saincte Marie
   Ke al juge pur vos prie. (d)

10 Aseit de duz e de wiande
   E de quanke sun quor demande
   Aveint le bon chrestian,
   Si cum aveit sein Jan.

11 Après le jurs de ceste vie
   Tut serat paremplie

Quanke nus de nut u jur [3]
Servi a Nostre Seinnur.

12 Lonke vie vus du[n]ra Deus,
   Tant vivere ke tu seras veus,
   Si vus seit plen de mors
   Et de bonté e des honors.

13 Cil Deus ke nus ad formé
   Nus dont bone volumpté
   A estre franc e debonere
   Par la vertue de ta (sa ?) mere.

14 Le buntés ke sunt en nus
   Acunter ne puruns,
   Car fort est a cunter
   Ceo ke Deu nus post doner.

15 Mut seun fort e hardis
   E sucurable a nos amis,
   Car aumone est e curteysie
   E charité e cumpanie.

16 Sehet tujurs permanent,
   He vus averet la joye grant
   Ke nul hume ne pet pencer
   En le cel ke tant est cler.

A la suite se lit, au bas de la colonne, ce quatrain qui n'a guère de rapport avec la pièce précédente, bien que de la même écriture :

Si vus seiz messeger,
Cuncte, sages e leger,
Messunges ja ne trovet,
Ke mal facet vus tenet.

---

teur veut opposer *nature*, c'est-à-dire les qualités innées, à *norreture* ou *nurture*, les qualités acquises, mais il est possible qu'il y ait une lacune au miliee du quatrain, car le sens se suit mal.

1. Corr. *justise*.
2. Corr. *serez vus* ?
3. Après ce mot le texte porte *avec* ou *avei*, ce qui ne paraît pas avoir de sens ici. Il faudrait peut-être corriger le vers ainsi : *Quanke avrez de...*

Nous abordons présentement le second des deux manuscrits réunis actuellement sous la même couverture. L'écriture paraît être de la première moitié ou du milieu du xv° siècle, et les opuscules qui y sont réunis sont de la même époque. Cela est sûr pour l'un d'eux (celui qui sera publié ci-après sous le n° 12) qui a dû être composé en 1415, et probable pour les autres. Tous, à l'exception du dernier, sont des écrits didactiques destinés à l'enseignement du français en Angleterre.

11. *Femina.* — Tel est le titre du premier des opuscules que nous allons passer en revue. La rubrique initiale nous donne l'explication de ce titre : « Ce livre est appelé *femme* (*femina*) parce que, de même que la femme enseigne à l'enfant à parler la langue maternelle, de même ce livre apprend aux jeunes gens à parler correctement (*rethorice*) le français. »

Ce traité, qui est anonyme, est en vers de huit syllabes. Après chaque paire de vers est placée la traduction en anglais. Nous sommes au commencement du xv° siècle : le français n'est plus aussi généralement compris que cent ans plus tôt. L'objet de l'auteur est d'enseigner le français de France, qui est soigneusement distingué du français d'Angleterre. C'est probablement là ce qui est indiqué par l'expression de la rubrique « *rethorice* loqui gallicum ». Voici comment l'auteur s'y prend pour distinguer ces deux sortes de français. Dans ses vers — qui naturellement n'ont rien de poétique — il écrit les mots selon l'usage de France[1], puis il indique en note la prononciation usitée en Angleterre. Ainsi il écrit au premier vers *Beau enfant* (ce qui n'est pas absolument correct, car il faudrait *Bel*), et en note il nous avertit qu'il faut lire, c'est-à-dire prononcer, *beu enfaunt*. Il marque les appels de note par les lettres de l'alphabet. Il s'agit donc d'enseigner le français littéraire tout en conservant la prononciation du français d'Angleterre. Cette distinction entre le *french after the school of Stratford atte Bowe* et le *french of Paris*, comme disait Chaucer, est très marquée au

---

[1]. Bien entendu il peut arriver que de temps à autre le copiste ait trahi les intentions de l'auteur.

xiv⁰ siècle dans la littérature française d'Angleterre : à côté de poésies écrites en un français très corrompu, on en rencontre (celles de Gower par exemple) qui sont d'une langue presque correcte.

Le traité est interpolé. Du fol. 93 au fol. 129, le ms. de Trinity contient le texte presque entier de l'*aprise de françeis* de Gautier de Bibbysworth[1], et un peu plus loin sont cités des vers latins. Je suppose que ces interpolations sont du fait de l'auteur de *Femina*, parce que les vers de Gautier de Bibbysworth sont accompagnés (après chaque paire de vers) d'une traduction anglaise.

M. Aldis Wright, de Trinity College, ayant l'intention de publier *Femina* pour le Roxburghe Club, je me borne à en donner de courts extraits.

(Fol. 88) *Liber iste vocatur* FEMINA, *quia, sicut femina docet infantem loqui maternam, sic docet iste liber juvenes rethorice loqui gallicum, prout infra patebit.*

Capitulum primum docet rethorice loqui de assimilitudine bestiarum.

Beau[a] enfant [b], pur apprendre	Comment vous parlerez bealment [e]
Ou franceis [c] devez bien [d] entendre	Et devant lez sagez naturalment.
Fayre chylde, for to lerne	*How ye schal speke fayre*
In frensh ye [2] *schal wel understande.*	*And afore thyze wyze men kyndely.*

Voici le début du morceau tiré de Gautier de Bibbysworth[3] :

(Fol. 93) *Hoc capitulum docet de proprietatibus infantium.*

Quaunt enfaunt est primez neez [4],	Puis en soun biers ly cochez
Covient q'il soit malloeez (*sic*),	E be[r]cere lui purveiez.

---

1. *Biblesworth* dans la plupart des manuscrits (*Bitheswey* dans le ms. Gg.1.1 de l'Université de Cambridge, *Romania*, XV, 312). C'est Bibbysworth, paroisse de Kimpton, comté de Hertford, comme l'a montré M. Aldis Wright, *Notes and Queries*, 4ᵉ série, VIII, 64 (1877).

2. J'écris *ye* avec *y*; il y a dans le ms. un *yoke*, signe que je n'ai pas à ma disposition; voy. p. 23, note.

3. Editions : Th. Wright, *A volume of vocabularies* (1857), p. 143; mon *Recueils d'anciens textes*, partie française, n° 37.

4. A partir d'ici je ne donne plus la version anglaise.

a beau *debet legi* beu. — *b* enfaunt. — *c* fraunceys. — *d* bein. — *e* belement.

Quaunt enfaunt comence a chatoner,	Pur ses draps saver de baveure
E einz qu'il sache as piés aler,	Ditez donque a sa bercere
E il bave de sa nature,	Q'ele face un bon bavere...

Le traité de Gautier se termine au fol. 129 comme suit (cf. *Romania*, XIII, 503) :

Et quaunt la table fuist ousté,	E ore finie icy ma resoun.
Grant poudre ove bon draggé	*And of other nobley was fuson,*
E d'autre nobleye fuist fusoun,	*And now y ende here my resoun.*

Mais l'ouvrage reprend aussitôt comme suit, avec un extrait de l'enseignement de courtoisie connu sous le nom d'*Urbain le courtois* que nous retrouverons plus loin en décrivant le ms. O. 1. 17 :

De moribus infantis.

Ore nurture jeo voile aprendre	Coment jeo voile que soiez norrys.
A totez que sount d'age tendre ;	Jeo voile tout al primour (v°)
Now nurture y wyl teche	Que soiez humble et plein de doulçor.
To al that ben of age tendre;	Soiez ensi franke e [de]bonere,
E pur verité je vous di :	Sanz mesditz et sanz meffayre,
Hony est il que n'est norry.	E de beale porture entre le gent,
Ore escotez, monn chier fitz,	Ne trop hault, mès mesnement...

L'auteur de cette rédaction cite des autorités latines, par exemple le Pseudo-Caton (fol. 134) :

Dandum etenim est aliquid cum tempus postulat aut res[1],

ou encore les vers célèbres :

Si tibi copia seu sapiencia formaque detur, (fol. 135)
Sola superbia destruit omnia si comitetur[2].

Voici la fin du traité proprement dit (fol. 138 v°) :

Si vous disirez grant honour	Quy luy mesmez sciet justicier.
Et dignitez d'emperour,	Ore priez Dieu issint puissetz finer
Emperour en droit [est[3]] nomez	Qe a soun joye purrez vener.

---

1. Livre II, dist. 5.

2. Voir, sur ces deux vers, qui sont du XIIe siècle, les *Contes de Bozon* (Soc. des anc. textes français), p. 18. J'en ai cité à cet endroit de nombreuses copies. J'ajoute qu'on les retrouve dans le ms. B. 2. 32 de Trinity, au fol. 8.

3. Je restitue d'après l'anglais *ys named*.

Les ff. 139-146 sont occupés par une sorte de glossaire alphabétique disposé sur trois colonnes qui sont intitulées respectivement : 1° *Regula scriptionis*, 2° *Regula locucionis*, 3° *Regula constructionis*. Dans la première, l'auteur écrit les mots selon l'orthographe qui lui a paru la plus correcte (c'est en somme l'orthographe du français de France), dans la seconde est figurée la prononciation; la troisième contient la traduction anglaise. Voici du reste l'explication donnée au début tant en français qu'en anglais; mais je transcris le français seul :

(*Fol. 138 v°*) La rule qu'est ensuant e[n]seigne ensement coment vous scriverez vostre fraunceys, et ce est en la primere rule, la ou il dit *Regula scripcionis*... En le ij^e lieu prochein ensevant a part senestre, la ou il dit *Regula locucionis*, si com est escript en mesme la rule, en tiel manere lirrez vostre fraunceys; et issint une rule enseigne a scrivere et l'autre a liere (*fol*; 139); et en le tierce lieu, q'est devisé la ou il dit *Regula constructionis*, ceste rule enseigne le englysh dez voz parolez de fraunceys. Et en tiel manere la primere rule enseigne pur scrivere, la secunde pur lire, la tierce pur entendre et ensement enseigne plusours differencez du ffraunceys.

Il me paraît certain que ce glossaire n'est pas un ouvrage à part, mais est réellement la dernière partie du traité *Femina*. C'est toujours le même système, très régulièrement suivi, qui consiste à distinguer le français littéraire, envisagé spécialement au point de vue de la graphie, du français parlé en Angleterre. De plus les mots enregistrés dans ce glossaire sont ceux qui sont employés dans la partie précédente. Je vais en donner quelques extraits.

I	II	III
avant,	avaunt, *cum* u *legetur*,	To fore...
autre femme,	aultre femme,	another woman...
almez *vel* almes,	ames *vel* ame,	soulys or soule.
aidant,	aidaunt, *cum* u,	helpynge...
acier,	acer,	steel.
arsevesque,	arseveque,	a ershebisshope...
bien,	ben,	wel.
beau,	beu,	fayre...
chien, *sec. Pikardiam*,	} cheen *vel* chan,	an hounde.
chaan, *sec. Parisium*,		

I	II	III
chiet, *sec. Pikardiam*, chiat, *sec. Parisium*[1],	cheet *vel* chaat,	an kat.
chiere,	chere,	diere.
chief,	cheef,	a hevede...
vient,	veint,	he cometh (f. 166).
vint,	*eod. modo*,	twenty.
vault,	vaut,	the worthe.
vostre,	votre,	youre.
veout, *vel* veült,	veut,	wyle.
viande,	viaunde, *cum u,*	mete.
ville,	vile,	a toun...

Les ff. 147-8 contiennent les noms de nombre cardinaux et ordinaux, les noms des jours, enfin quelques observations sur les pronoms et la conjugaison de quelques verbes.

12. *Dialogues français composés en 1415.* — Ces dialogues sont des modèles ou exercices de conversation analogues à la *Maniere de langage* que j'ai publiée en 1873 et dont j'ai, depuis, signalé diverses copies[2]. Ils sont plus courts et offrent moins d'intérêt pour la lexicographie, parce qu'ils sont moins riches en listes de poissons, de comestibles divers, d'objets d'habillement ou d'ameublement. Enfin ils sont moins anciens, le texte de la *Maniere de langage* que j'ai publié d'après le ms. Harleien 3988 étant daté de 1396, tandis que les dialogues du ms. de Cambridge sont évidemment de la fin de l'année 1415, puisqu'il y est fait allusion à la bataille d'Azincourt (25 octobre) comme à un événement tout récent. L'intérêt en est cependant très réel, d'abord parce qu'ils sont exactement datés, ensuite parce que la scène est placée en Angleterre[3], ce qui prouve qu'au commencement du XVe siècle, en Angleterre, même dans la classe bourgeoise, — les personnages mis en scène sont de

---

1. Je crois bien qu'ici le copiste a mal copié son original : la différence entre la forme picarde et la forme française n'est point du tout celle qui est ici indiquée.

2. *Romania*, XV, 262-3.

3. Les interlocuteurs de la *Maniere de langage* sont supposés voyager en France.

condition plutôt inférieure, — on avait à cœur de savoir lire et parler le français. Enfin, on y pourra puiser, comme dans la *Maniere de langage*, d'utiles notions sur la vie privée à la fin du moyen âge. La lexicographie française, et même anglaise, tirera quelque profit de certaines parties de cet opuscule, notamment de la liste d'étoffes que contient le § VIII.

Ces dialogues, pour être inédits, ne sont pourtant pas inconnus. Il en existe deux autres copies, l'une dans le ms. Dd. 12.23 de la Bibliothèque de l'Université de Cambridge (fol. 7-13), l'autre dans le ms Add. 17716 (fol. 101-106) du Musée Britanique [1]. Je me suis servi de ces deux copies pour rectifier çà et là les leçons fautives du ms. de Trinity.

---

1. Signalés l'un et l'autre par M. Stürzinger, *Orthographia gallica*, p. XIV, (*Altfranzösische Bibliothek*, t. VIII). — Le ms. de Trinity est le meilleur des trois. Les deux autres suppriment ou modifient les traits locaux ; le ms. de l'Université notamment substitue Londres à Oxford (§ III), ce qui est particulièrement absurde. Voici, comme échantillon, le commencement des deux textes :

MUSÉE BRIT., add. 17716

(*Fol. 102 v°*) Sire, boñ jour. — Sire, boñ jour a vouz, ou boñ jour vous doigne Dieux ! — Sire, boñ matin a vouz ! Sire, Dieux vous save ! Sire, Dieux vous beneiguey ! Sire, a Dieux soiez ! Sire, Dieux vous doigne boñ jour et longe ! Sire, Dieux vous doigne boñ joie et (*f.* 103) boñ sanité. Sire, Dieux vous guard ! — Sire, et vous ausi. — Sire boñ soer. — Sire, boñ soer a vouz. Sire, vous estez bien encountrez. Sire, estez vous bien venuz. Sire, Dieux vous esploite ! Sire, Dieux vous avaunce. Sire, prous vous face. — Sire, grant mercie. — Sire, vuilez vous manger ove nous ? — Non, Sire ; certez j'ay maungé. — Sire, bevez. — Sire, comencez. — Sire, pernez le hanap. — Sire. non pas devaunt vouz, si vouz plest. — Par Dieux si frez. — Ore, sire a Dieux soiez. — Or, Sire, a Dieux, bon noet. — Sire, bon noet a vouz doigne Dieux et boñ repos. — Sire, vous estez bien encountrez. — Sire, vouz estez bien venuz. — Sire, coment ove vouz est il ?
— Sire, le melx pur vouz graunt mercie. Or, Sire, des queux parties veignez nous ?...

CAMBRIDGE, Univ. DD 12. 23.

(*Fol. 7 v°*) Sire bon jour. — Sire, bon jour a vous, ou bon jour a vous doigne Dieu ! — Sire, Dieu vous save ! — E vous auxi. — Sire, Dieu vous doigne bon vie et longue ! Sire, Dieu vous garde. — E vous auxi. Et après manger, vous dirrez ainsi : Sire, bon veprez ou boñ soere ! — Sire, bon seore a vous. — Sire, bon noet. — Sire, bon noet a vous doigne et bon repos ! — Sire, reposez bien. — Sire, vous estes bien venu. — Sire, Dieux vous avaunce ! — Sire, vostre mercie. — Sire, Dieu vous esploit. — Sire, Dieu soit ove vous. — Sire, voilez vous manger ove nous ? — Nony, sire ; certes j'ay mangé. — Sire, bevez. — Sire, commencez. — Sire, pernez le hanap. — Sire, non pas davant vous, se vous plest. — Par Dieu ! si frez. — Sire, grand mercye. — Sire, prous vous face, ou si grande prous le vous face ! — Ore, sire, des queux parties venez vous ? — Sire, je veigne des partiez de France...

(*Fol.* 149) I. Sire, le boñ *ª* jour. Sire, boñ jour a vous; ou : boñ jour vous doyne Dieu ! Sire, boñ matyn. Sire, boñ matyn a vous. Sire, Dieu vous save ! Sire, Dieu vous benoy ! Sire, a Dieu soiez ! Sire, Dieu vous doyne boñ vie et longe ! Sire, a Dieu vous comande. Sire, Dieu vous doyne bon sanyté et bon joye ! Sire Dieu vous garde ! — Sire, et vous auxci. — Sire, bon soer. Sire, boñ soer a vous. — Sire, vous estez bien encountrez. Sire, vous estez bien venu. Sire, Dieu vous esploite ! Sire, Deu vous avaunce ! Sire, prou vous face ! — Sire, grant mercy. — Sire, voulez vous manger ove nous ? — Non, syre. Certys, j'ay mangeré (*sic*). — Sire, bevez. — Sire, comencez. — Sire, pernez le hanap. — Sire, noñ pas devant vous. — Si vous plest, par Deu ! — Sire, ferez ore. — Sire, a Dieu, boñ noet. — Sire, boñ noet vous doyne Dieu et boñ repos ! — Sire, coment ove vous est? — Sire, le meulx, pur vous graunt merciez. — Sire, des queux parties veignez vous ? — Sire, je veigne dez partiez de Ffraunce. — Sire, quelez novelx de par de la ? — Sire, le roy est en bon point, loiez soit Dieu ! ovesque toute sa compaignie en lez parties de Normandie, et il est en sanitee luy mesmes, mès plusours de sez gentz sount maladez et beaucope d'eaux sount mortz. Et en oultre le roy arryva illoeques, joust la ville de Harfleu, et avoit mys un graunt siege sur la dite ville ovesque le nombre de LX *ᵇ* m̃. persones, et, parmy la grace de Deu, il ad conquys la dicte ville¹, et est remeué de la dicte seege, et soy purpose pur aler vers Calays, par my la terre de Fraunce. Et puis j'ay oye dyre qu'ore tarde les seignours de Ffraunce, ovesque la nombre de L ou LXᵐ persones armez, ount encontrez le roy par le (*vº*) chymyn, et le roy, ovesque le nombre de Xᵐ persones, ad combatuz ovesque eaux a un lieu apellé Agincourt, a quel bataille i sount pris et tuez xjᵐ personis dez Ffraunceys, et *ᶜ* sount tuez fors que .xvj. persones dez Englès ², dount le duc d'Everwyk estoit un ³ et le counte de Suff. un autre ; et le roy avoit le champ et le victoire, loiez soit Dieu ! et mist toutz les autrez Frounceys au fewez ; et issint le roy tient son chemyn vers Calays et soy purpose de retourner en Engleterre, par la grace de Dieu.

II. En oustre, sire, vous dy pur certeyn que les Ffraunceys que furent pris al dit batayle Agincort, c'est assaver le duc de Orliaunce, le duc de Burbayne⁴, et plusours autrez countes, chivalers, et esquiers vaillauntz, si bien d'autrez estraungez terrez come de Ffraunce, serount anmesmez *ª* le jeody pro-

---

1. Le 22 septembre 1415 (Monstrelet, éd. Douët d'Arcq, III, 85).
2. 600, selon Monstrelet (III, 110), ce qui est moins invraisemblable.
3. Le duc d'York, oncle du roi d'Angleterre (Monstrelet, III, 110 et 119).
4. Brabant.

I. — *a*. On peut lire *bonn, bone*, peut-être *boun*. — *b. xl* dans les deux autres mss., ce qui est plus probable. — *C.* Suppl. [*ne*] ? manque dans les trois mss.
II. *a*. Ou *anmesniez* ? Mus. br. *amesnez*, Univ. *amenez*.

chein après le feste de seint Martyn [1] envers Loundres ; et ils sount arrivez a Dovere, et toutz lez gentz de Kent et d'Essexe suffisaunt furrount [b] moustrés en lour meilour array par le haut chymyn entre Canterbery et Londres, et lez gentes de Loundres bien [c] en armez et arrayez eux moustrerent [d] sur le Blakeheth [2] pur encountrer lez ditz Frounceys, afyn q'ils purrount veyer quel poeple sount lessez derere le roy en Engleterre pur la saufgarde de mesme le rayme.

III. Syre, ou pensez vous chivacher anoet ? — Sire, a la prochene ville, si Dieu plest. — Sire, quel apellez la prochene ville ? — Sire, l'apellent Oxone [a], verement. — Sire, de celle ville (*fol.* 150) j'ay oïe parler graund bien de moult genz. Sire, come bien longe de cy est ycelle ville, je vous pri ? — Sire, nous avons bien x lewes illoeques unqore. — Ore, sire, lessoums chivacher [3] ensemble, je vous pri, quar je pense aler ou chivacher a mesme la ville, mès je ne coni pas ben le chymin, et, si me voillez l'enseigner, j'estoise grandement tenuz a vous. — Par ma foy, sire, volunters, et je suy trés lés de vostre compaignye, mès je me doute que je ne puisse mye vous suer, quar je suy en partye malade, et non pas toutz gariz unqore, et mon chivalx est laas et cloyé [4] devaunt et derere ; soun doos auxi da la seel est blessé, et l'un oil est ousté, mès unqore il n'est pas vougle ; et quaunt il vient a un fossé parfounde, moy covyent luy porter, quar, certis, il ne poet mye sez jambes hors de le tay lever. — Dunques, sire, aloums e[n]semble, en noun de Dieu, et nous y vendrouns en beu temps par le haut solayl, si Dieu plest. — Ore, sire, ou serroums loggez, quaunt nous voignoums la ? — Syre, a le molyn sur le hōp [5], en le rewe de Northgate [6], [que [b]] est le meillour hostell d'icelle ville,

---

1. Le 14 novembre.

2. Black-Heath, sur la r. g. de la Tamise, au sud-est de Londres.

3. C.-à-d. « chevauchons », *let us ride*. On rencontrera plus loin d'autres exemples de cette sorte d'impératif composé.

4. Encloué, blessé par un clou. Godefroy a *encloer* en ce sens (au Complément), mais non pas *cloer*. Angl. *to cloy* (Murray, *New engl. dict.*).

5. « A l'enseigne du moulin ». *Hoop* (voir *New engl. dict.*) désigne le disque de métal sur lequel était représenté le moulin.

6. La rue de Northgate correspond assez bien à la grande rue d'Oxford appelée actuellement Cornmarket. La porte du nord (Northgate) était tout près de l'église Saint-Michel. Le moulin mentionné dans le texte se trouvait juste en dehors de Northgate ; voy. A. Wood, *Survey of the Antiquities of the city of Oxford*, edited by Andrew Clark, I, 407 (*Oxford Historical Society*).

b. Ou *surrount;* lire *serrount,* ou *ferount moustres.* — *c.* Trin. *by,* corrigé d'après les autres mss. — *d.* Corr. *moustrerount.*

III. *a.* Mus. br. *Oxenford,* Univ. *Loundrez.* — *b. Que* est restitué d'après Mus. br. Ce ms. remplace Northgate par deux signes semblables à *z* ; Univ. supprime tout simplement Northgate.

com je suppose, qar nous y averommes boun chier et vitaille assez pur homez et chivachx, et boñ marché.

IV. Hosteller, hosteller! — Sire, sire, je su cy. — Purroums nous bien estre loggez cy eyns? — Certes, mes maistres, vous estez trés bien venuz tantostz. Combien estez vous en nombre? — Mon amy, nous ne sumus icy a present forsque vj compaignons et iij garçons, ovesque noef chivalx, et mès y sount plusurs de nous conpaignons derere. — Sire, vous serrez loggez icy bien assez tout si vous eussez .c. chivalx. Sire, ont (v°) vous chivalx beu?
— Non pas unquore, quar il sount trop chaudez pur boire, pur ce que nous avouns chivaché fors de Tettysworde[1] tant que en cea, En auxci nous estoions pursuez ove larons icy a Shottore[2],[b]; et ce nous chivach n'eussent esté le meillours et la grace de Dieu [ne] nous eust eidé, nous n'eussomes mye escapé saunz robber, mès, loiez soit Dieu que nous ore sumus icy en savetté, quar nous y avioms grant pour. Et pur ce lessez nous garçons amesner [c] nous chivalx suys et juys, en le rwe, en tanque ils soient enfreydez, et puiz les eawer et laver bien parfunde, issint que lez estrwez et senglez soient nectez, savant lez cellez ove hernoisez secchez; et puis regardez que nous eions un bon estabile chaud et bon literez tanque a la ventre de le chivalle, quar le temps est froyde; et auxci mettés waddes[3] de paile sek desouth lour senglez, et frotez bien lour jambys issint qu'ils ne soient mye crachez[d], et puis lour donez chascun chivalx ij botels de feyn et j derr. de pain.

V. Hosteler! — Sire? — Coment vendez vous del aveigne? — Sire, pur iiij d. le bussell. — Verement, c'est bon merché. Ore, ou est la dame de cyens? — Syre, ila (lis. ele) viendra tantost : ele est ovesque une commere, et ne demorra guerres. — Dame, bon soer. — Sire, vous estez trés bien venuz. — Sire, coment a vous est, et coment avez vous valu depuis que vous fustez derreinement ycy? — Dame, bien, grant mercy, et le meulx que vous vaillez bien. Coment vaille vostre maryt[a] et tout vostre mesnage? — Sire, bien, loiez soit Dieu et le meulx pur vous. Sire, (f. 151) vuillez vous approcher a la sale, ou vuillez mounter a la chambre? — Neny, dame, nous vollons prender nostre chambre par temps, et vollez vous nous faire a nou[s] un boñ fu en le chemené pur nous rechaufer, et

---

1. Tetsworth, Oxfordshire, près de Thame.
2. Shotover, petit monticule situé à peu de distance d'Oxford, vers l'Est.
3. L'anglais *wadde*, des bouchons ou coussinets de paille, pour empêcher le frottement des sangles.

IV. *b.* La leçon est changée d'une manière absurde dans Univ. : *fors de Rouchester tant que en cea... ove larons yci sur le Blachethe.* — *c.* Trin. *a mesme,* corrigé d'après les deux autres mss. — *d.* Univ. *drachez.*

V. *a.* Trin. *moryt.*

baillez a nous de vostre pain et un hannap de servoise pur nous rehaitier*b*, quar nous sumus moillez et laas, et nous avons chevachez a jour de huy xl lewes et plus, par may foy. — Sire, c'est grant travaill pur vous qu'estez veille et maladez, et je vous promette que vous avrez le meillour servoise cy eins qu'est en ceste ville, et vous bevrez de mesme le pot que nostre sire bevroit c'il fust a l'ostell, quar je le mettray a broche*c* pur l'amour de vous. Et si vous vuillez boire de vyn, je [e]nnvoieray a une taverne*e* joust le quatrefu[r]kes [2], lou [3] une pip[e] de bon vin vermaill est novelment a broche, e a la corne sur le*d* hŏp [4] vous averés de boñ malvesey [5]*e*, romeny [6] bastarde [7], Osey [8], Tyr, vyn cret [9], vernage [10], ypocras et vyn blanc.

VI. Ore, beele dame, qu'avrens a soper ? — Sire, vous averez a soper viande assez; mèz ditez a moy si vous vuillez avoir vostre viande apparallé cyens ou a le kewes [11] ? — Nonil, dame, en vostre cusyne demesne, ou autrement en le chemeney devant nous. — Syre, quel maner de viande ayme vous meulx ? — Dame, fayte nous avoir dez meillours vitaillez que vous avez ni que vous purrez trover a vendre. — Sire, j'ay cy eins boñs pulcyns, cha-

---

1. En perce, angl. *on broach* ou *a broach* (maintenant en un mot, *abroach*).
2. Actuellement Carfax.
3. Là où.
4. C'est une enseigne; cf. p. 50, note 5.
5. Malvoisie.
6. Vin de Romenie, c.-à-d. d'Asie Mineure, ou, plus généralement, de l'empire de Byzance; voir le glossaire de la *Maniere de langage*, sous *Rumney*.
7. Le vin bâtard est associé au vin de Romenie dans deux exemples de la première moitié du XVIe siècle cités par Godefroy, sous ROMENIE. *Vinum bastardum* est entendu par Carpentier (Du Cange, VINUM) au sens de « vinum mixtum ». Une définition plus précise est fournie par un ex. de 1598 cité dans le *New engl. dict.* : « Bastard wine, that is wine sod with new wine, called must. »
8. Le vin d'Osei, qui doit être un vin d'Alsace (*Aussai*), était fort connu en Angleterre; voir le gloss. de la *Maniere de langage*.
9. Halliwell, *Dict. of archaic and provincial words*, cite un ex. de *creete*, signifiant une sorte de vin doux. Le ms. de l'Université porte aussi *creete*. Carpentier (dans Du Cange, VINUM) cite un passage de la *Clavis sanationis* de Simon de Gênes où *vinum creticum* est ainsi défini : « fit ex vinis (uvis?) in vite passatis, postea expressis, et est dulce. »
10. Grenache; voir *Man. de lang.*
11. « Céans (dans l'hotellerie) ou [au dehors] chez le cuisinier ».

b. Ou *rehaiter*; la fin du mot est abrégée. — *c*. Trin. *tam'er*, corrigé d'après les deux autres mss. — *d*. Trin. *sire la*, corrigé d'après les deux autres mss. — *e*. Trin. *malmis ia*.

pons, gelyns, pygeons, owes, porrelles[1] joefnes et gras, perdrys, plovers et autrez oyseux petitz et grantz, heyrons, fesans et cockes du boys ou videcockes, becaces[a], allowes, esturneux[b]; dez gruez (v°) auxci et de gryvas et d'autre volatyl savage je ne fayle ryens, signes, malardes, columbes et pigeons; de poires et pomes[c] j'ay plentee; formage et noes vous ne faillerez point, et puis dez oues, boñ candelle, et a vostre lyt une damoy[se]lle beal[2]. — Dame, grant mercy de vostre soper, mès de nostre lyt lessom[d] parler, et de nostre dyner[e] demayn a matyn, et pus nous irrouns nostre chymin. — Syre, vostre lyt sera fayt bien tost et bealment pour vous coucher[f] et dormer en ycelle saunz songer[g] torment, dez[h] oraillers dez plumes et lynceux blancz, materassez, coverlitz et blanket, curtyns, testez et syllour[3] vous y averez tout entour. — Ore, dame, grant mercy de vostre beal cheir. Pernez le hanap et bevez le vyn cleir, quar, a vostre congee, voillon dormer. Appellez [l'] hosteler pur nous counter combien paieroum pur nous chevalx et nostre soper.

VII. Hostiller! — Syre? — Sount nous chivalx appareillez[a] pur toute la noet? — Sire, non pas unquor, mès lessez vostre garçon venir et dire[b] quei de provendir ils avrount. — Johan! — Mastyr, que vuillez vous? — As tu sopé? — Oyl, syre. — Tien le hanap et bevez une foiz, mès ne bevez mye trop haut pur doubte que vous soiez ivrez; et puis va a l'estable et oustez les sellez de lez chivalx, et eaux correiex et frotez bien; et auxci cerchez lour pees e le[s] stoppez de coyne, et pernez de grece et de boñ servoise et les boillez ensemble, et lavez ove ycelle toutz lour jambes, et auxci pernez de ceef et de lyne[4] et le fryez ensamble en une paille veille de ferre ou d'aresme, et stoppez le pee del chival gris (f. 152) qu'esteit cloié, et puis lour donez de provendre

---

1. Faut-il lire *porcellès*? Dans la *Maniere de langage* (p. 386), les « porceus et porceletes » sont mentionnés, comme ici, entre les oies et divers oiseaux sauvages.

2. Sur ce complément habituel de l'hospitalité telle qu'on l'entendait anciennement, voir la préface de la *Man. de lang.* (p. 376).

3. Le *tester* est le fond du lit, la partie qui s'élève derrière la tête; le *syllour* est le ciel du lit. Voy. ma note sur ces deux mots dans la *Man. de lang.*, p. 384, n. 2, et sur le second, le *New english dictionnary*, CELURE.

4. Du suif et du lin?

VI. *a*. Trin. *betayes*. — *b*. Trin. *est ne veux*, Mus. br. *esturveux*, Univ. *eslurneaux*. — *c*. Trin. *répète poires*. — *d*. Trin. *lessam*. — *e*. Mus. br. *D. gr. m. de vostre litz, mez de nostre dysner lessonz parler*. — *f*. Trin. *toucher*. — *g*. Trin. *songer et* corrigé d'après Univ.; Mus. br. *et dormer en icell' sauger ou* — *h*. Univ. ajoute *pilouez* (l'angl. *pillows*) *ou*.

VII. *a*. Trin. *apparcullez*. — *b*. Trin. *dur*.

assez, c'est a saver a chascun chival une pek[1] d'aveyne et plus de pain, si vous veiez que bosoigne soit; et demayn levez bien matyn, et appellez un fferrour, le meillour qui purra estre trovez a la ville, et lessez lui ferrer[c] le chivall blanc, le chival noire, le chival sor[d] et lez autrez hakeneys enveyroun. Et, Jakes, je toy promette verement, si ceste chose ne soit mye fait come je vous ay dit, ou si je trove asçun defaute en ta persone, je toy fray coruser issint que tu comparrez grevousement.

VIII. Hostiller! — Syre? — Baillez cea de jettours[2], et lessoms compter combien nous avons a la chambre et combien a l'establе. — Sir, j'ay compté ovesque vostre vadlet Guillam en la presence de sire Hughe, vostre chapeleyn. — Bien, de cella je suy content. Tien ta mayn et pernez l'argent. Combien amounte, trestout compté? — Sir, il amounte a v s., j d. meyns. — Ore appellez la dame et emple le hanap et bayllez[a] nous a boire. Ffaitez nous avoir lez poumes rostez et mettez de payn tosté a le fès, que fra nostre beverache plus fresk[b]. Dame, bevez, *sive* commencez; dame pernez vostre hanap. — Par Diee, sir, non pas devaunt vous, si vous plaist. — Dame, quei avrons demain a nostre dyner? — Sire, vous avrez viande assez, coytez, rostez et pestez; mès ditez moi vostre volunté, quei vous aymerez meulz. — Dame, faitez nous avoir braün du sengler oveke mustarde, boñs joutes ovesque boef, motun et porc boillez, (v°) et ceo sufficera pur hommes travaillauntz. — Dame, ou est vostre maistre[e]? — Par Diee, sire, il est alé a le feire d'une ville qu'est dys lewes de cy, appellé Wodestoke[d 3]. — Dame, quele merchaundye voet il vendre ou achater illoeques? — Sir, il ad la a vendre boefs, vaches, bovetz, veeles, tores, eysnes et joefnes porcz, senglers, troyes, chivalx, jumentz, polayns, berbys[e], motouns et berbys du mere, toups[f 4], agnelx, kedux[5], cheverelx, asnes, mules et autrez bestes. Il a auxci la pur vendre .xx.

---

1. Mesure d'avoine, picotin; « *peck*, picotin, la quatriesme partie d'un boisseau », Sherwood, *A dict. engl. and frensh* (imprimé à la suite de Cotgrave). L'ex. cité dans Godefroy est tiré d'un texte écrit en Angleterre.

2. Des jetons, pour faire les comptes; God., GETOIR.

3. Woodstock, Oxfordshire, à 12 kil. au N. O. d'Oxford.

4. La leçon n'est pas douteuse, étant confirmée par le ms. du Musée; mais le sens de *mere* est obscur. Quant à *toup*, c'est l'anc. anglais *tup*, encore usité dans le nord de l'Angleterre et en Écosse pour désigner un bélier. Il y a dans Gautier de Bibbysworth (mon *Recueil*, p. 362) un vers où *toup* est employé en ce sens : *A la lutè derenez toup*, glosé par *wyn the ram atte wrestlyng*.

5. Dérivé à forme française de *kid*, chevreau? P.-ê. faut-il supprimer la virgule entre ce mot et le suivant?

c. Trin. *fercer*. — d. Trin. *croz* ou *cror*, Mus. br. *soere*, Univ. *sore*. VIII. a. Trin. *balylez*. — b. Trin. *frersk*. — c. Univ. *marit*. — d. Univ. *Winchester*. — e. Ce mot manque dans Univ. et est remplacé dans Mus. br. par *rockes*. — f. Univ. *motuns e mereberbez, toupez*.

sackes, .iij. toddes, .iiij. percs et .v. clowes¹ de layne, deux centz peaux lanuz, .xiiij. draps longez et dys doszeyns de mellez d'Oxenford, .xx. kerseys d'Abyndone², .x. blanketz de Wytteney³, .vj. rougez de Castelcombe⁴, .iiij. russet de Colchester⁵, scarletz, bloyes ou pers selestiens, plunketz⁶ sanguyns et violetz en greyn rayés, motlez⁷ de Sarisbury, et autrez divers colours de plusours sortz pur faire lyverées si bien as seignors abbees, et priours come as autrez gentils du pays. Il a auxci de lynge, toille, canvas ou cambre, cordes, savon, oyle, fere, peverez, jugebre et autrez espicerie et mercerye a taunt come lui coste .c. li.

IX. Syre, je vous pri, ou pansez vous chivacher ore de cy ? — Dame, droit a Loundres, si Dieu plaist. — Sir, d'une chose je vous prieroy, si j'osasse ou fuisse si hardy. — Dame, pur l'amour de vostre maistre et de vous, je fray ce que je purray, savant moun estat, a vostre pleser. — Sir, j'ay icy

---

1. *Sac, tod, perc, clove* sont des mesures de poids. Le *sac* valait 28 *stones* (en fr. *pierres*, 14 livres), voir Du Cange SACCUS 2 ; le *tod* valait 2 *stones*; le *clove* un demi-*stone* (Murray. *New engl. dict.*, CLOVE). Sur *perc* je ne suis pas renseigné. On vendait la laine au poids : « Les laines vend on par sacs et par pois, par pierres et par claus et par livres » (*Le livre des mestiers, dialogues français-flamands composés au XIVᵉ siècle par un maître d'école de Bruges*, p. p. H. Michelant ; Paris, Tross ; 1875 ; feuillet B 3 v°). Cf. aussi les Dialogues français-anglais de Caxton, chap. v.

2. Abingdon, Berkshire, à peu de distance d'Oxford. — *Kersey* est purement anglais ; c'est une grosse étoffe de laine.

3. Witney, Oxfordshire. Le *blanket* est une étoffe de laine blanche (fr. *blanchet*) ; p.-ê. avons-nous ici le sens, qui s'est développé en Angleterre, de couverture. Witney est renommé depuis longtemps pour ses fabriques de *blankets*.

4. Castlecombe, Wilts. L'industrie de la laine était florissante à Castlecombe au XVᵉ siècle. Elle n'a disparu que dans la première moitié du XVIIIᵉ siècle. Voir *History of the Manor and ancient barony of Castlecombe in the county of Wilts... by G. Poulett* SCROPE, p. 3. [London] 1852. (Printed for private circulation). Le *rouget* était vraisemblablement une étoffe teinte avec la garance (Du Cange, ROGIA, ROJA). Je ne trouve ce mot en aucun dictionnaire avec le sens qu'il a ici.

5. Colchester, Essex. Le *rousset* est bien connu ; voir Du Cange, RUSSETUS.

6. Plunket, « a coarse woollen cloth », est enregistré par Halliwell. Ce mot est sans doute le fr. *plonquié*, désignant une étoffe de couleur de plomb (Godefroy) ; cf. Du Cange, PLONQUATUS.

7. *Motley, motteley*, nom d'une étoffe mentionnée par Chaucer (Prol. des *Cant. Tales*, v. 273), est rattaché par M. Skeat (*Etym. dict.*) à un mot français *mattelé* enregistré par Cotgrave, mais d'ailleurs inconnu.

un fiz del age de .xij. ans, et, solunc vostre avys, il est la (*f. 153*) volunté de moun maistre et de moi pur lui estower a un boñ home de mestier en Loundres, la ou il purroit bien estre enseigné et governé en le manere d'apprentys illoeques. — Dame, appellez l'enfaunt et lessez moi lui veïer. Moun fiz, avez vous esté a l'escole ? — Oy, sire, par vostre congé. — A quel lieu ? — Syr, a l'ostelle de Will. Kyngesmylle Esc'uen *a* . — Beau fyz, comben de temps avez vous demurez ovesque luy ? — Sire, fors que un quart de an. — Cella n'est que un poi temps ; mès qu'avez vous apriz la en ycel terme ? — Syr, moñ maistre m'ad enseigné pur escrire, enditer, acompter et ffraunceys parler. — Et que savez vous en fraunceys dire ? — Sir, je say moun noun et moun corps bien descriere. — Ditez moy qu'avez a noun ? — J'ai a noun Johan, boñ enfant, beal et sage et bien parlant engleys, fraunceys et boñ normand. Beneyt soit la verge que chast[i]e l'enfaunt et le boñ maistre qui me prist *b* taunt ! Je pri a Dieu tout puissant nous graunte le joye tous diz durant [1].

X. Auxci [2], sire, j'estoy ayr a le feste ovesque moñ chief, ove moñ teste, mez chiveulx recercilez, le frount devaunt, le col *a* derer, lez orellez, les oillez ove le vewe clere, les papiers et le purnelle, lez surcilez, le nees, lez narrez et le tendron, la bouche, ove le palet amount lez dentz, la lange, les gyngyves, lez faulx, le jowes et le mentoun, lez lyvres desus et desutz qu'enclosent lez dentz envyroun, le hanapel ove lez templez et le cervel, le fosselet [3], la gorge devaunt, la gargalette (*v°*) la ou moñ aleyne est passant. En my le teste est le greve, le cakenole [4] derere, la visage devaunt de tout le teste ; je n'ay cure de la remanant. J'ay auxi le pys ou le peitryne *b*, les espaulez,

---

1. Il semble que la réponse de l'enfant soit une formule rimée apprise par cœur.

2. On a dressé, au moyen âge, des diverses parties du corps certaines listes qu'on peut rapprocher de celle-ci : par exemple dans le *Dictionarius* de Jean de Garlande (Th. Wright, *A volume of vocabularies*, p. 121), dans Gautier de Bibbysworth (*ibid.*, p. 144-8) ; dans la *Maniere de langage* (p. 382). La plupart des *nominalia* commencent par une énumération de ce genre.

3. *Au cool troverez la fosset*, Gautier de Bibbysworth, éd. Wright, p. 146, glosé par *a dalk in the nekke*. C'est le petit creux qui se trouve derrière la tête, au-dessous de la protubérance occipitale.

4. *Cakenole*, le derrière de la tête, n'est pas relevé dans le dictionnaire de Godefroy. Cependant ce mot se trouve encore dans le traité de G. de Bibbysworth, dans un passage du reste obscur :

E[n] checun orayl si ad mulet *hole*
Par *cakenole* e cervel net.

IX. *a*. Univ. *Guilliam Scrivenere*, Mus. br. *W. K.*, ainsi abrégé, et le troisième mot manque. — *b*. Il faut entendre *aprist*, mais les trois mss. ont *prist*.

X. *a*. Trin. *cor*. — *b*. Trin. *pecteyne*.

blasoñ[1] et l'eschyne, ventre, os, dos, mamels, costees, coustees, umbyl[2] et la peel dehors que covere le vyt, lez coylloñs, le cuyl, la chaar et tout le corps En my lyeu, derer mez braas, j'ay lez coubtez sur queux je decline quant je su laas; par entre le coubte et la cowe de ma mayn, j'appelle un cubyt en longuer certein. Sur mez mayns j'ay les deyes, ou lez ungles d'eaux cressantz, et le poyn que clost la mayn, quant j'ay scié un poignoñ de blee dedeins la paum.

XI. Dedeins le ventre j'ay le coer ou qui je pause de mon seen d'apprendre et fayre bien, boweles en qels foy, esplen et renoun[3], estomak, veyns et pulmoñ, reyns et punyl dehors, feel dedeins et vescye. J'ay auxi lez jambes ou la ssure, quysseux et lez genules, nages et la forcheure, lez piés ove les kevyls, les urtiles, le plaunte et le taloñ dount le ffraunceys est comun. Auxi, sir, j'ay, de draps qu'appartiegnent a moñ corps de lynges et de laynes sengles, furrez et doublez dedeins et dehors, chausez, solers, botes ou hoseux et boteaux, chausemblez[4], esporons, chemyse, brays et brael, cote, purpoint et kertel[5], surkot, mantel, tabarde et cloke[6], hopelonde, chaperoun, pilion et chapelet et autre garnement, ove manchez longez, largez (f. 154) et bien taillez, et, si mestier y soit, j'ay une coiffe, peigne et un keverchief de soy, de fyle et de cotoun; mès je ne vuille mye oblier ma burse ne moun aguler; et quant ma femme serrat enseyntée, ele sera seintée de boñ seinture: s'il ne soit de soy il serra de quyr; moñ dage et moñ cutell bien trenchant, la gaigne beal, et espeye et bokeler d'acer fyn ou beal forure et lemel novel; mès je ne vuille mye tyrer moñ espeye hors de la forure saunz graunt eye[7] ou cause resonable, quar l'em dit en seinte Escripture : « Cyl qui coveyte ferer ovesque l'espeye, par espeye il sera feruz[8] ».

E pur tut certefier la parole
Conoustre covent la *cakenole*.
(Wright, *A vol. of. vocab.*, p. 146.)

Dans ce texte *cakenole* est glosé par l'anglais *herespon* (probablement faute, pour *hernes pan*, actuellement *harn-pan*, crâne; voy *New engl. dict.*, HARN). Est-ce le même mot que *caquerole* (Godefroy et Cotgrave), coquille de limaçon?

1. *Blason* se trouve, au sens d'omoplate, dans Gautier de Bibbysworth et dans la *Man. de lang.* (p. 383; n. 1); voir Godefroy.
2. Cf. la *Man. de lang.*, p. 383 : « la poitrin, les mameles, les coustees, les costes, les flans, le dos, les os, l'eschine, le ventre, l'ombril ».
3. Rognon.
4. Le même que *chauncemele*, chaussure, dans le *Promptuarium parvulornm*, I, 71, (Camden Society).
5. L'angl. *kirtle* (voy. Murray, *New engl. dict.*), sorte de tunique.
6. CLOCHE 2, Godefroy, vêtement de dessus qui couvre toute la personne, l'angl. *cloak*.
7. Expression elliptique : « sans grant [besoing d'] aïe ».
8. MATTH. XXV, 52.

XII. Auxci, beal fyz, je toy *a* enseigne de comune langage et d'autre manere de parlance, et dez divers chosez, bestez et de gaynerie, issint que de parler droit vous ne faillerez mye. Si vous treiez a bone compaignie et guerpez les maveys et lour folye; mès d'un homme et d'une femme ne de lour enfaunt il ne bosoigne pas purparler taunt *b* de lour fiz, file ou filette, garsoñ, pusele ou garsette, valetz lowys, servauntz ne lour apprentys, veysyns, maistres, soveragnez seignours, subgitz, lour amys et bien voillantz, auxi dez emperours, roys, dukes, countes, barons, chivalers et esquiers. Lessom parler del pape auxi et dez ercevesques, evesques, archedekenes, denes, officials, prestres, clerkes, abbees, moignes et priours, freres et chanons, noneignies et autres religiousez; de la roigne auxi et de la duchesse, d'autrez damez et de la countesse, de la (*v*°) soer et sorceresse, de les veillez, vewes et virgines, de lez ribaudes ou paillardez putaignes, putevilez et villayns laroñs, feloñs et traitours. Autre frounceys j'ay aprys pour un chate, un rate et un sorys, lyvre, livre, levere et leverer a estables et brichetz, steiles pur la sale, docers, blankers ou quarreux, cheyres, aundyres, fourches de fere pur le feu, basyns, ewers et chausours, poz et paillez d'aresme, coupes d'or, pieces ou tassez d'argent en dorrez hanaps de ffraxmes ove les coverclez peyntez, launces de verre, hachez de guerre, coynes pour couper bastoñs de keyne et coignes[1] pur lez busches fendre, et largent coignée prendre *c*; et autre armure, c'est assaver baysinet, ou lombrere et la ventaille, plates, pesynes[2] et habergeons, vambras, rerebras[3], quisseux et gauntz de plate, arkes, setes[4] et cordes pur les arkes, vesselle auxi d'argent et d'esteyne, c'est assavoir deux doszeins dez cuillers d'argent merchez ove le teste d'un libard[5], .iij. douszeyns plateaux, .iij. doszeins esquiles[6] et .iij. dos. saucers.

---

1. Des *coignées* pour couper, et des *coins* pour fendre le bois.

2. Manque dans les dictionnaires (*pessine*, vase à huile, dans Godefroy, ne saurait convenir). Mais le mot s'est conservé en ancien anglais : « *Pesane*, a gorget of mail or plate attached to the helmet » (Halliwell).

3. Avant-bras et arrière-bras, pièces d'armure. Le premier de ces deux mots est dans le Complément de Godefroy.

4. *Seietes*, flèches.

5. *Libard*, ancienne forme anglaise de *leopard*. On marquait autrefois l'argenterie en Angleterre avec une tête de léopard ou de lion (on sait que ces deux animaux ont été confondus en blason). Maintenant encore la marque anglaise est un lion passant.

6. Écuelles.

XII. *a*. Mus. br. *j'estoy*, qui semblerait préférable (à condition de lire *enseigné*) puisque le jeune homme récite ce qu'il sait et n'enseigne pas. Mais *bel fiz* ne s'accommode pas de cette leçon. Il vaut mieux supposer que ce passage est emprunté à un traité où un maître s'adressait à son élève. - *b*. Corr. *pur tant parler*? — *c*. *Sic* dans les trois mss.

13. Traité d'orthographe dont le début est :

(Fol. 155) Primo sciendum est quod litterarum alie sunt vocales, alie consonantes. Vocales quinque scil. *a e i o u*, et dicuntur vocales qui a per se plenam vocem habent......

Ce traité se retrouve encore dans le ms. Addit. 17716, fol. 88, et dans le ms. 182, fol. 340, du collège d'All Souls (cf. Stürzinger, *Orthographia gallica*, p. III). Il y a dans ces deux mss. un préambule qui manque ici.

14. (Fol. 159) formules d'adresses de lettres selon la qualité des personnes, et modèles de lettres en latin avec traduction française.

15. *Le mari cocu, battu et content.* — Le manuscrit contient en ses derniers feuillets (ff. 179 v° et suiv.) une rédaction de ce conte qui est, à quelques variantes près, identique au récit de Boccace (septième journée, nouvelle septième). La principale différence est que l'action se passe en Bourgogne et non à Bologne. En outre, tandis que l'écrivain français nous introduit tout de suite *in medias res*, Boccace imagine un prologue romanesque où il feint que le héros du conte soit devenu amoureux de la dame avant de l'avoir vue, comme Guillaume de Nevers dans *Flamenca*. Du reste les deux récits sont à peu près semblables, sans que l'on puisse affirmer que l'un soit imité de l'autre. Ils ont plutôt une source commune.

Le conte français n'est pas inédit : il est publié depuis 1814, mais le livre où il a été inséré est tellement rare, au moins sur le continent, qu'il peut passer pour inédit. Ce livre est intitulé *Shakespeares jest Book*, Chiswick, from the press of C. Whittingham, MDCCCXIV, in-12. L'avertissement de la deuxième partie est signé S. W. S. (Singer). Dans cet avertissement (p. ix), Singer nous dit avoir trouvé le récit en question dans un curieux traité manuscrit sur l'art de parler français, composé du temps de Henri VI. Il cite en note le début de ce traité [1], ce qui nous

---

1. Voici ce début tel que Singer le transcrit (partie II, p. x) : « Ici comence un tretis de douls franceis qu'anformera aussi ban (lire *bien*) les petiz comme les granz a parler bien et parfaitement beau franceis selon l'usage et la maniere de Paris et Aurilians ».

permet d'identifier le manuscrit dont il s'est servi. Ce manuscrit est un petit livre fort analogue par le contenu aux mss. add. 17716 du Musée britannique et Dd. 12.23 de Cambridge, qui ont été mentionnés plus haut[1]. Je l'ai étudié jadis à Cheltenham, où il portait le n° 8188 de la Bibliothèque Phillipps. Il a été vendu en 1896, et j'ignore où il se trouve actuellement. Je sais seulement qu'il n'a pas été acquis par le Musée britannique. Sir Th. Phillipps l'avait acheté à la vente de la collection de Sir Richard Heber (*Bibliotheca Heberiana*, n° 771), et c'est peut-être chez Heber que Singer l'avait vu.

Dans le ms. Phillipps, comme dans les deux mss. précités du Musée britannique et de Cambridge, le conte est inséré assez maladroitement dans la *Manière de langage*, où il ne semble pas qu'il soit à sa place. Dans le ms. d'après lequel j'ai publié la *Manière de langage* (Harl. 3988) et dans celui d'Oxford (All Souls 182), il y a tout autre chose à cet endroit. Dans le ms. de Trinity, le conte forme comme un opuscule à part, à la suite des formules de lettres : je ne saurais dire si le copiste l'a trouvé en cette condition ou s'il l'a extrait d'un exemplaire de la *Manière de langage*. Quoi qu'il en soit, voici ce morceau (fol. 179 v°) :

M'amie, je vous em pri qu'il ne vous displest point de la compte que je vous compteray maintenant, quar veramént je ne vous dirray point de me[n]songe. Vra[i]ment, m'amie, il est le plus meilleur compte que j'oy unques mais jour de ma vie. De par Dieux, donques je le vous dirray. Jadys y avoit en Burgoyne une dame bien gentyl et sage que passoit toutz lez autres dames de cel païs la aussi bien de beuté come de bounté. Et cele dame avoit un baroñ qe fust mult boñ chivaler et vaillant, auxi il avoit un esquier demurant en lour hostelle, que fust bien joliet an coer[2], z astoit aussi home de mult boñ façoñ et beus, z si ben e gentilment entaillé du corps que ce fust mervailles. Et si avient un jour que cil esquier, si come il regardoit sur la dame del hostelle, que le corps z le coer luy furent trestout enravoiez pur la grant bracier d'amour qu'il en out devers la dame, en taunt ne savoit que dire ne que faire. Si endura de jour en autre trés grandez painez et dolours. Puis il pansa bien que soñ amour ne poett estre aperceu, z suffri tant de tristesse z dolour ou coer que nuyt[3] ne jour ne pouoit mye dormir. Si fust il nafirez trop pitousement

---

1. Cette identification a déjà été faite dans la *Romania*, XXIV, 485, à propos de la dissertation de M. W. H. Schofield sur la nouvelle de Boccace.

2 Ms. *oier*. — 3 Ms. *neynt*.

de la launce d'amour bien près a la mort. Si avient al darreins que l'escuier s'en
ala parler a la dame tout en secret, ainsi lui disant : « Ma trés gentile, trés
amiable z trés soverayne dame, fist il, je vous em pri trés entirement de coer
q'il ne vous desplece de ce que je vous dirray maintenant. — De par Dieu,
fist ele, me ditez vous tout quanque vous vuillez, z je n'en parlera[i] ja jour de
ma vie, ne vous sourciez. — Ore, dame, fist il, mez que vous ne desplese,
je fu si dolourousement nauffré ou coer del ardant amour que pieça j'ay eu
z enquore ay divers vous, que je ne puisse pas longement endurer ne vivere
saunz consolacion de vostre trés gracious persone, pour quoi, ma trés douce
dame, fist il, eiez pitee de ma dolour, ou autrement vous serés cause de ma
mort. — Donques, dist la dame, est ce voire que vous en (v^o) ayez tant
d'amour envers moy com vous ditez? — Par moñ serement[1], fit il, beal
trés douce dame, si est. — Ore, fist ile, je vous outtroie m'amours,
mais pour acompler vostre desir plus privement, je vous dirray coment
vous frez. Vous savez bien que moñ s^r se purpose de chivacher hors
de la ville demain après manger, et pur ce alez demander maintenant congé
de luy, pur aler a vous amys que demurent en le païs icy, pur certeine[s]
bosoynes que vous en avez a faire; z quant vous l'av[r]ez fait, pur luy
deceiver[2] plus sotilment, je vous conseille que vous en alez sur vostre chemyn, mais demayn anyut, quant il sera grant oscurtee, retournez si privement come vous purrez, et venez a ma chambre par le huse de chardyn[3]
un poy devant my nuyt, pur cocher ovesque moy. » Lors dist [l']escuier :
« Ma trés gentyl dame, je vous remercie soveraignement de coer de vostre
amour z curtaisie. » Et puis après, quant l'escuier avoit congee de soñ
seignour pur aler a sez amys, si s'en ala bien matyn a la jour, et après manger
le s^r commanda sez varlets de seller lez chivalx pur chivacher hors de la ville.
Donques vient la dame del hostelle a soñ s^r et lui dist[4] ainsi : « Mon s^r,
fist ele, vous ne chivacherez hors de ciens mais huy, si vous plest, quar il est
déja bien près de nuyt, z pur ce vous conseille d'ester[5] ceste journée, et alez
vous demain. — Dame, il fist, je le vuille bien ». Si avenoit, après que le s^r
et la dame avoient soupé, ils s'en alerent coucher ensemble. Lor vient
l'escuier a mynuyt tout privement a lour chambre, si com la dame luy avoit[6]
enseingné, z ne quidoit mye que le s^r estoit couchee ovesque la dame. Et
quant il fust venuz a coustee du lit lou[7] la dame coucha, la dame luy prist par
la main, ainsi luy disant en soñ oraille : « Ne sonez vous mot, fist ele, pur
nulle chose de mounde, mais escotez vous bien a ce que je vous dirray. »
Donques la dame (fol. 180) se torna devers son s^r pour luy eveiller, z quant il
fust eveillé, la dame luy dist ainsi : « Moñ s^r, fist ele, il y a un esquier
demurant en vostre court, cil qui demanda congee de vous en soir[8], qui

---

1 Ms. sourement. — 2 Ms. detemer. — 3 Pour jardyn. — 4 Ms. duist. —
5 Ms. daister. — 6 Ms. avoir. — 7 Pour la qu. — 8 Corr. ersoir.

m'a parlé ꝫ requys d'amour pur coucher ovesque moy. Se vous ne creés mye, levez suz tost ꝫ vestez vous en ma robe, ꝫ app[a]raillez vous en manere ꝫ guyse de moy, ꝫ alez vous au[1] verger ꝫ l'attendez un poy, ꝫ vous verrez meintenant coment il viendra demenravoier[2]. » Donques le s^r se comença pur estre marry, ꝫ dist : « Que dea, est ce voir que tu diz ? — Vraiment, moñ s^r, fist ele, cy est. » Lor le s^r se leva tost bien vigorousement, come un homme forsennez ꝫ soy vestoit come la dame lui avoit apris. Et puis s'en ala trés fort courrant devers le verger de prover ce que la dame lui avoit dit. Donques dist la dame a l'escuier tout ainsi : « Moñ amy, fist ele, n'avez vous point de talent pur esbatre ovesque moi ? — Par mon serement[3], ma trés douce dame, fist il, je su si disconfiz ꝫ paoureux[4] ou coer que je n'ay plus d'apetit ne voluntee pur esbatre ovesque vous que un petit enfant qui n'entent point de mal. — Oie, fit ele, faitez vous un chose que je vous dirray, et vous en avrez m'amour as toutz jours mais devaunt toutz autres du monde, saunz faire changement. — Par Nostre Dame de Boloigne, fist il, je le ferai trés volunters si je purrai. — Maintenant, fit ele, prennés un boñ bastoñ ꝫ alez vous au verger, ꝫ la vous troverez moñ s^r arrayé en manere ꝫ guyse de moy, ꝫ batez lui bien, ꝫ donez lui dez boñs horions sur le dos, ainsi lui disant : « Va « t'en a toñ lit, mavaise putaigne que tu es, va t'en de par deable et de par sa « mere, ove tout, ou autrement je toy rumperay le col devant que tu te bou- « geras de cy » ; quar vra[i]ment, fist ele, se vous le faitz ainsi, il n'avra unques mais après mal suspeçoñ de nous, et en (v°) tiel manere nous purroms faire tout nostre desir en temps a venir bien et privement, saunz escient de lui ou d'ascun autre. — Si Dieu m'aide, ma trés gracious dame, fist il, je m'en irray volunters pur vostre comandement acompler. » Et quant il fust venu au verger, il regardoit le s^r come le graunt deable, luy donaunt des horions trés bien assis si coñ la dame lui comandee, ainsi lui parlant com il fust apris par devant ; ꝫ tost après le s^r se coura bien ignelment a sa chambre, et puis dist le s^r a la dame ainsi : « Dame, fist il, cil escuier de quoi vous m'en parlastez m'a trés malement batu, quar il quidoit que vous y fustez, par quoy je say bien qu'il est bien loialx a vous et a moi, et pur ce je vous feray trés bien acorder, quar ce qu'il a fait il ne fist que soulement pur vous a tempter. — Ore, moñ s^r je le feray a vostre comandement. » Et puis après la dame et l'escuier avoient tout diz lour voluntees d'esbatement et desduyt, saunz escient de nully, et en tiel manere le s^r fust deceu par coyntise d'une fame, quar pur le greinur partie toutes les fames du mounde sount plains de maveistee ꝫ tresoñ. Et pur ce le sage Salemon dit ou livre de Sapience qu'il n'y a malice en toute le monde que surmonte la malice d'une maveise femme[5]. Dount je pri a Dieu qu'il vous vuille bein garder de eux. Amen.

---

1 Ms. ā. — 2 Sic. corr. de mei ravoier (ravir)? — 3 Ms. sourement. — 4 Ms pauoreux. — 5 Eccli. XXV, 26.

R.3.20. — BALLADES FRANÇAISES.

Ce livre, en papier et écrit vers le milieu du xve siècle, est un recueil de poésies anglaises et françaises dont le détail est donné par M. James dans le t. II de son catalogue. Je me bornerai à relever ici les pièces en français, pour l'identification desquelles notre collaborateur M. Arthur Piaget, si versé dans la littérature du xve siècle, a bien voulu me fournir des renseignements très précis.

Les pages [1] 25 à 37 renferment des rondeaux et une ballade en français composés par le comte de Suffolk [2] du temps qu'il était prisonnier en France, *whylest he was prysonnier in France*, dit une des rubriques, ou à sa sortie de prison. — Pages 82-3, la *Desputacion entre Salomon ly saage et Marcoulf le foole*. Premiers vers :

Salomon dit :	*Marcoulf respont :*
Mortalité et guerre	De putayne sourd maulx
Sount exil de terre	Et guerres mortaulx
Et destruizement.	Et perile des gens.

C'est une pièce bien connue se rattachant à un sujet sur lequel on a beaucoup écrit. Le texte du ms. de Trinity a été publié par Kemble, *Anglo-saxon dialogues of Salomon and Saturn* (Ælfric Society), p. 78. On a d'assez nombreuses copies des mêmes couplets [3]. Voici maintenant la liste des ballades françaises, accompagnée de notes que m'a fournies M. Piaget :

(P. 49)   Rande (*lis* Rens toy). — A quoy ? — Tu le savras.
Refr.   Car jo ne ne soy meillour trover.
(Eust. Deschamps, X, xxvi).

---

1. Les pages, et non les feuillets, sont numérotées.
2. William de la Pole, comte de Suffolk en 1415, créé marquis en 1444, décapité en 1451. Voir Dugdale, *Baronage of England*, II, 186-9 ; *Dict. of national biography*, XLVI, 50 (POLE, William de la), etc. On sait que le comte de Suffolk fut fait prisonnier par Jeanne d'Arc (12 juin 1429). Mais il fut bientôt remis en liberté, après avoir payé une forte rançon. Il fut pour un temps (1433) le gardien de Charles d'Orléans.
3. Voir Kemble, *ouvr. cité*, p. 77 ; cf. *Hist. litt. de la Fr.*, XXIII, 688-9, Le Roux de Lincy, *Livre des prov.*, II, 548 ; *Bull. de la Soc. des anc. textes*, 1876, p. 82 ; 1877, p. 91, etc.

(P. 49) Icy comence un balade ffrançoys fait par le plus grand poetical clerk du Paris.

Le monde va en amendant.

(Cette ballade, qui a pour refrain *Ainsi que l'escrevisse va*, se trouve dans le ms. B. N. fr. 2206, fol. 103, sous le titre de « Ballade pour les Mondains »; dans Berne 205, fol. 206 v°; dans le ms. du cardinal de Rohan, fol. 20 [1]; dans le *Jardin de Plaisance*, éd. de Vérard, fol. cx.)

(P. 89)   Tant de perilz sont a suir la court.
Refr.   D'avoir en court un pié hors et l'autre ens.

(Eust. Deschamps, II, p. 30; anonyme, d'après un ancien imprimé, dans Montaiglon, *Rec. de Poésies fr.*, IV, 32 ; se trouve en divers mss. : Turin, L. IV, 3, fol. 116; Berne, 473, fol. 93 ; Vienne (Autriche) 2602, fol. 42).

(P. 90)   Qui ses besoignes veult bien faire.
Refr.   Mon seigneur dit bien ; il a droit.

(Eust. Deschamps, X, p. xxi ; mais cette ballade n'est pas de Deschamps : voir *Bull. de la Soc. des anc. textes*, 1901, p. 66.)

(P. 91)   Les biens mondains et toulx les accessoires.
Refr.   Avisons nous : il nous convient mourir.

(P. 92)   Puis que je suy fumeux, plain du fumée.
Refr.   Quant on fume sans fere autruy dommage.

(Eust. Deschamps, X, p. xiv.)

(P. 93)   Amours est bien par son noun appellez.
Refr.   C'on lui respont : Encor n'est il pas temps.

(Eust. Deschamps, X. p. v.)

(P. 94)   Ma doulce amour et dame souveraine.
Refr.   Et loyaultés tenir ou que je soye.

(Le premier vers est semblable à celui de la pièce publiée dans les *Œuvres d'Eust. Deschamps*, X, p. li.)

(P. 95)   Vous me priez si amoureusement.
Refr.   Je vous respons que je m'aviseray.

(C'est, comme l'indique la rubrique, la réponse à la ballade précédente.)

(P. 96)   Je me merveil du desir qui m'esprent.
Refr.   Je la regarde et n'ose dire rien.

---

1. Sur ce ms., dont on n'a plus qu'une analyse accompagnée d'extraits, voir *Romania*, XXI, 428.

(P. 97)   Puis que desir me fait estre amoreux.
Refr.   Dieu la parfist pour abellir le mond.

(P. 98)   A vous, dame, humblement me complaine.
Refr.   Vray corps gentilz, pour vostre amour mourray.
(B. N. fr. 2264, fol. 41 v°.)

(P. 99)   Vous qui fuistes en jeunesse moult cointe.
Refr.   D'amer aultruy ne d'aultruy estre amée.
(Ms. de Westminster Abbey, fol. 28, voir *Bull. de la Soc. des anc. textes*, 1875, p. 32.)

(P. 99)   J'ay frequenté maint compagnon galant.
Refr.   Alez a Dieux, car gales sont failliez.

(P. 100) J'ai veu et hanté longement.
Refr.   Nul n'est prisié s'il n'ait chevanche.

(P. 101) On par[o]le de maladie.
Refr.   Il n'est rage que d'avoir fain.

(P. 102) Je Fortune, de ce mounde emperier[e].
Refr.   Car tot ou tarde, compter fault qui reçoit.

(P. 103) Que vaut tresor qui n'a joye ne leesse?
Refr.   Qui plus avra plus dolent mourra.

(P. 103) Je voy les estas amender.
Refr.   Par S. Mor! c'est tout a rebours.

(P. 104) Que fais tu, clerk, que veux tu que je die?
Refr.   Me dis tu voir? Oïl, sainte Marie.
(Musée brit., Lansdowne 380, fol. 219; *Jardin de Plaisance*, éd. Vérard fol. lxij v°; Campaux, *François Villon*, p. 363.)

R.3.56. — Petit traité de conjugaison française.

Pour la description de ce curieux petit manuscrit, composé de parties originairement distinctes (xiiie et xve siècle), et réunies sous une même couverture, je renvoie à la description donnée dans le t. II du catalogue de M. James. J'appelle l'attention en passant, sur une satire, souvent spirituelle, parfois un peu lourde et même grossière, de la cour de Rome et des mœurs du haut clergé vers la fin du xiie siècle, qui occupe les ff. 35 à 42 du volume. C'est le récit des moyens par lesquels un très fabuleux archevêque de Tolède, appelé Grimoald, obtint du pape Urbain (probablement Urbain III), le titre et l'office de légat d'Aquitaine. Ce petit roman est en latin : il ne serait pas à sa place dans un mémoire consacré à la littérature française. Je me borne à en donner le commencement en note [1].

Il est plus à propos de mentionner un court traité de la conjugaison française envisagée au point de vue syntactique, qui occupe les fol. 47 verso et 48 recto. C'est un morceau assez intéressant par sa date — l'écriture n'est pas postérieure au milieu du XIIIe siècle — et par la conception qu'il révèle. C'est l'œuvre d'un véritable grammairien, qui s'attache à bien établir le rapport des temps en latin et en français. Je ne connais pas d'autre exemplaire de ce petit traité, ce qui ne veut pas dire

---

1. Quo tempore Urbanus, Romane ecclesie avidissimus pontifex, beatissimorum corpora martyrum, Albani videlicet et Ruffini, Romam transferret, Galliarum collecta ecclesiis, dumque ea manibus propriis, utpote vir religiosus, marsupiis deauratis gloriosissime sepeliret, Grimoaldus, Toletane ecclesie archiepiscopus, quasdam predictorum martyrum reliquias forte inveniens, in gazofilatium sancte Cupiditatis transferre eas diligenter accuravit. Intelligens vero eas placere Romano pontifici (noverat enim viri compunctionem), easdem secum tollens Romam profectus est. Suspir[ab]at autem idem Toletanus pontifex ad habendam Equitanie legationem, quam ex beati Gregorii ordinatione, antiquis attestantibus privilegiis, Toletana metropolis obtinuerat. Unde ignavie, immo pudoris, videbatur si tante gravitatis persona, tam pinguis, tam rotunda, tam delectabilis suorum privaretur dignitate predecessorum. Ceterum, licet plenis arrideret calicibus, ([erat] enim fortis ad bibendum vinum), licet dies et noctes sterteret (vigilare enim non poterat), licet ventrem haberet pontificis (turgebat enim venter extentus non modicum utpote ubi salmo totus uno prandio sepeliri consueverat), licet innocentem proscribere, justum persequi, pauperem inescare, suis orphanum patrimoniis violenter emungere, religioni ascriberet ; licet in omnibus satageret, si quid modo forte veritatis attigisset, verecundari ; licet inquam prefinitis polleret virtutibus ceterisque quibus hac tempestate pinguissimi promoventur pontifices, minime tamen Romane ecclesie haberetur legatus, nisi preciosas supradictorum martyrum reliquias representaret Romano pontifici. Hiis igitur munitus, prout videbatur necessarium, Romanam ingressus est civitatem...

On sait que dans le monde des joyeux clercs du moyen âge, les reliques de saint Ruffin et de saint Albin désignaient tout simplement l'or et l'argent. Voir les textes que j'ai réunis à ce propos dans une note de l'*Histoire de Guillaume le Maréchal*, III, 151.

que le manuscrit de Cambridge soit unique : un texte aussi court échappe facilement aux recherches [1].

Modus indicativus uno modo construitur. Preteritum perfectum modi indicativi verbi activi duobus modis construitur, verbi gracia : Amavi, *jo amai* et *jo ai amé*. Nullum aliud tempus ejusdem modi et verbi ejusdem variis modis construitur. Nullum tempus imperativi modi varias recipit constructiones. Presens et preteritum imperfectum tempus optativi modi uno modo construitur. Preteritum perfectum et plus quam perfectum optativi modi tribus modis construitur, verbi gracia : Utinam amavissem, *la meie volunté jo aveie amé*, et *jo eüsse amé*, et *jo averai amé*. Futurum tempus uno modo semper construitur. Presens conjunctivi uno modo construitur ; preteritum imperfecti, duobus : Cum amarem, *cum jo avoe amé*, et *cum jo amasse*. Preteritum perfecti tribus : Cum amaverim, *cum jo amai* et *cum jo ai amé*, et *cum jo eie amé*. Et nota quod quando construitur *cum jo aie amé*, tunc optative ponitur....

A la suite des observations sur les temps viennent, au feuillet suivant, des gloses sur un texte qui n'est pas déterminé. Les premiers mots glosés sont *immunis, nubere, facere, merere, crepare, discrimen*. Il y a quelques mots français dans cette glose : ainsi :

Crepare idem est quod sonare, et inde hec crepida, *bote a muine*..... crepare, *crever*..... (Fol. 49) cogere, *cunstreindre*, et cogere *asembler*..... Fistula, *cunduit*... *gute festre* et *frestel*..... (Fol. 50 vº) cratis, *gredil*, gall. et *cleie*..... celare, *celer* et *entailer*..... (Fol. 53 vº) Hoc idioma, *language*. Burnellus :

> Mox idioma suum vertens Galienus et orans,
> Subridensque parum, sic benedixit ei.

Hic poples, poplitis, *garet*. Unde Burnellus :

> Poplite deflexo vertice pronus humi.

Burnellus, ailleurs *Brunellus*, est le nom du personnage principal (un âne) d'un poème en distiques composé en Angleterre, vers la fin du XIIe siècle, par Nigellus Wireker, préchantre de l'église de Cantorbéry, et plusieurs fois publié de la fin du XVe siècle au XVIIe [2]. Il a été imprimé en dernier lieu par Th. Wright, *The anglo-latin satyrical poets*, t. I (1872). Voir, sur l'auteur, le même, *Biographia britannica litteraria*, II, 353.

---

1. On sait qu'il existe des traités de la conjugaison française composés en Angleterre à la fin du XIVe siècle ou au commencement du XVe; mais ils n'ont aucun rapport avec celui dont on va lire le début.

2. Sous le titre de *Speculum stultorum* : voir Brunet *Manuel du libraire*, 5e éd., V, 1215, sous VIGELLUS.

O.1.17. — Urbain le Courtois. — La plainte d'amour.

Ce manuscrit, qui a le format d'un petit in-4° (hauteur 0,195, largeur 0,135), se compose de 288 feuillets de diverses écritures, dont les 264 premiers sont écrits en latin. On trouvera, dans le t. III (sous presse) du catalogue de M. James, l'indication précise des ouvrages qu'il renferme. Je me borne à une rapide et sommaire énumération :

Fol. 1, les *Recognitiones*, ou *Petri itinerarium*, attribué au pape Clément I.
Fol. 105, un *provinciale*.
Fol. 110, l'*Historia Brittonum* de Gaufroi de Monmouth.
Fol. 185, les Méditations de saint Bernard.
Fol. 200 v°, Histoire d'Alexandre le Grand (c'est l'abrégé de Julius Valerius).
Fol. 212, l'Histoire des ducs de Normandie, de Guillaume de Jumièges.
Fol. 251, l'Évangile de l'Enfance.
Fol. 265 et suiv., les ouvrages français dont le détail est donné ci-après.

Au bas du fol. 267 on lit : *Liber mon. de Whalley*, l'abbaye cistercienne de Whalley, comté de Lancastre, fondée en 1296 par Henri de Laci, comte de Lincoln, dont les ruines existent encore.

1. *Urbain le Courtois.* — C'est, comme on disait au moyen âge, un « enseignement », ou, plus spécialement, pour employer un terme plus moderne, un traité de civilité puérile et honnête. J'en ai signalé jadis cinq manuscrits (y compris celui de Trinity) dans ma notice du ms. Douce 210 [1], publiant en même temps, d'après ce dernier manuscrit, les premiers et les derniers vers du poëme [2]. Les mêmes vers sont de nouveau imprimés d'après le ms. Gg 1.1 de l'Université de Cambridge, dans la *Romania*, XV, 184. Enfin la leçon de ce dernier manuscrit a été publiée en entier, dans un *per nozze*, par M. L. Biadene [3], à qui j'en avais fourni la copie. Comme cette édition est naturellement fort peu répandue, je crois utile de transcrire ici le texte du ms. de

---

1. *Bulletin de la Soc. des anc. textes*, 1880, p. 73.
2. Il faut maintenant ajouter à cette liste la copie renfermée dans le ms. B. 14. 40, décrit plus haut, p. 45.
3. Nozze Crivellucci-Brunst. Pisa, febbraio 1895.

Trinity, d'autant plus qu'il diffère beaucoup du ms. de l'Université.

Urbain le Courtois est un titre qui n'a été conservé que par une de nos copies, celle de l'Université. Je crois cependant que les deux vers où ce nom figure sont authentiques, et qu'ils ont été simplement omis par les autres copies. Le nom d'Urbain a été, selon toute apparence, emprunté à quelqu'un de ces poèmes latins qui contenaient des préceptes sur la manière de se comporter dans le monde, ou, si l'on veut, des règles de courtoisie. Nous connaissons au moins deux poèmes qui ont reçu le titre d'*Urbanus*. Je vais dire quelques mots de l'un et de l'autre. John Bale[1] nous apprend qu'un certain Daniel Churche, *sive Ecclesiensis*, homme de noble origine, ayant vécu pendant une trentaine d'années à la cour du roi Henri II, avait composé un poème latin intitulé *Urbanus*. Ce poème, Bale ne l'a pas vu : il tire ses informations d'une chronique qu'il désigne d'une façon assez vague (*quoddam chronicon nuper Londini repertum*), et qui nous est inconnue comme beaucoup des manuscrits vus par Bale ; elle doit avoir disparu vers le milieu du XVIe siècle, alors qu'une rage de destruction sévit sur les bibliothèques anglaises. Fabricius[2] ajoute aux données fournies par Bale cette notion nouvelle que le poème était en hexamètres et qu'il commençait par *Cum nihil utilius*. Il signale en même temps un manuscrit de ce poème à Trinity College, Dublin. Il est de toute évidence que l'identification proposée par Fabricius est purement conjecturale. Nous connaissons bien le poème didactique commençant par *Cum nihil utilius*. Il en existe de nombreux manuscrits, outre celui de Dublin, et il a été imprimé dès la fin du XVe siècle dans le recueil intitulé *Auctores octo continentes libros, videlicet Cathonem, Facetum, Theodolum...*[3] C'est le *Facetus* qui a été mis, bien à tort, sous le nom de

---

1. *Scriptorum illustrium majoris Britanniæ..... Catalogus.* Basileæ [1557], in-fol., p. 221. Le recueil alphabétique de notes de Bale qu'on a récemment publié à Oxford (*Anecdota Oxoniensia..... Mediæval and modern series*, part. IX) n'ajoute rien, sur le point qui nous intéresse, à ce que renferme l'ouvrage imprimé, et est même moins complet.

2. *Bibliotheca latina mediæ et infimæ latinitatis*, sous CHURCHE.

3. Hain, n°s 1913-1919, Copinger, n°s 717-743.

Jean de Garlande[1]. Rien ne permet de supposer qu'il ait été composé en Angleterre par un contemporain de Henri II. Mais, ce qui nous intéresse, c'est qu'il a été désigné, en certains manuscrits, sous le titre de *Liber Urbani*, d'où, assurément l'identification donnée comme certaine par Fabricius. L'un des manuscrits où le livre est ainsi appelé se trouve à Cambridge, Saint John's College, F 10. Dans cette copie on lit à la fin ces mots qui paraissent bien être une addition due à un copiste.

> ....Liber explicit hicque *Facetus*.
> Scribitur *Urbanus*, sit scriptor a crimine sanus.
> *Explicit liber Urbani.*

Arrivons à l'autre poème, qui paraît avoir porté d'une façon plus spéciale le titre d'*Urbanus*. Celui-là semble devoir être identifié avec le poème composé, selon le *Chronicon* que mentionne Bale, par un personnage de la cour de Henri II. Il n'en subsiste, à ma connaissance, que deux extraits transcrits dans un manuscrit du XIIIᵉ siècle, Bibl. nat. lat. 3718[2], fol. 80 et suiv.

---

1. Voir Hauréau, *Notice sur les œuvres authentiques ou supposées de Jean de Garlande*, dans les *Notices et extraits*, t. XXVII, 2ᵉ partie, pp. 16, 17-20. — Notons en passant qu'il existe de ce poème latin une ancienne traduction en vers français qui nomme aussi Jean de Garlande :

Qui de translater s'entremet,
Se il la matiere n'y met,
Ensamble toute la substance,
Chacun doit savoir qui fait en ce ;
Non pourtant (*lis.* pourquant) si ne
    [doibt on mye
Si forment mettre s'estudie
A dire mot a mot la letre,
Ains y doibt on oster et mettre
Et translater et transposer

Et de jolis mos ajouster
Pour plaire mielx a l'escouter,
Et pour la chose mielx entendre
A ceulx qui la veullent aprendre.
Pour ce vous ai ce devant dit
Que un livre [qu']a faire entendit
En latin Jehan de Guellande,
De qui l'ame a Dieu recommande,
Vous vueil en françois resiter.
    (B. N. lat. 14921. fol. 123.)

Il y en a une autre version, du XVᵉ siècle, dans le ms. B. N. fr. 12478, fol. 269.

Ce *Facetus* est en hexamètres accouplés par la rime. Il ne faut pas le confondre avec un autre *Facetus*, celui-là en vers élégiaques, que M. Morel Fatio a publié ici même, XV, 224.

2. C'est l'un des nombreux manuscrits volés vers 1840 à la Bibliothèque nationale (alors royale) qui entrèrent dans la collection Barrois et qui furent rachetés de Lord Ashburnham en 1888. Voir Delisle, *Catalogue des mss. des fonds Libri et Barrois*, p. 192-3.

A la suite du premier extrait, qui est visiblement la fin du poème, on lit ces vers, reproduits, par M. Delisle dans la description du volume.

> Rex vetus Henricus primo dedit hec documenta
> Illepidis libro nova que scribuntur in isto.
> Curvamen celi demittat, gaudia celi
> Qui geminavit Heli merito tribuat DANIELI.
> Qui dedit alpha et ω sit laus et gloria Christo.
> *Explicit iste liber qui vocatur Urbanus.*

Ainsi le poème a pour titre *Urbanus*; il a été inspiré par le roi Henri II (il ne peut s'agir d'un autre) et l'auteur s'appelait Daniel. C'est donc avec raison que M. Delisle l'a placé sous le nom de Daniel Churche que nous connaissons par Bale.

Il ne paraît pas, du reste, qu'aucun des deux poèmes latins qui ont porté le nom d'*Urbanus* ait servi de modèle à notre *Urbain* français. Rien ne prouve, en réalité, que ce dernier soit une traduction du latin. Le titre peut avoir été emprunté à la littérature latine du temps : l'ouvrage lui-même est un recueil de préceptes dont aucun ne peut passer pour bien original, mais dont la rédaction et l'arrangement peuvent constituer une œuvre personnelle. Voici le texte du ms. de Trinity :

> Uns sages home de grand valur,
> Ki lung temps vesquist en honur,
> De suen enfaunt se purpensa
> 4 Et de suen bien lui moustra,
> Et dit : Beau filz, me escultez;
> Si jeo di bien si l'entendez.
> Nurreture vus voil aprendre
> 8 Tant cum tu es de age tendre,
> Car, por voirs a vous le di,
> Honyz est ki ne est norri.
> Ore escultez, mon chier filz,
> 12 Coment voil ke seiez norriz.
>
> Premer, tut a devise,
> Amez Deu et sente Eglise;
> Pere et mere honurez,
> 16 Bone grace en averez,
> Bone sancté et lunge vie;
> De cestes choses ne faudrez mie.
> Li bon enfant deit ester
> 20 Devant son seigneur a manger;
> Il ne se doit point apouuer,
> Ne nul membre doit grater,
> Et nul hom doit eschuer,
> 24 Ne nuly ne doit moker.

---

2 Le ms. de l'Université a de plus ici ces deux vers qui ont été omis par tous les autres manuscrits : *Urbane estoit il appelé, Ki en sun tens fust amé.* — 4. Mieux ailleurs *Et de son bon sens.* — 11-12 manquent dans Univ. — 22 Ailleurs *Ne se vive char grater*, ce qui rappelle les vers du *Stans puer ad mensam* : « Nec nares fodias carnem propriam neque scalpes..... Nec carnem propriam verres digito neque scalpes » (Furnivall, *The Babees Book*, 1868, 2ᵉ partie, p. 30, 32).

De service deit aprendre,
Si il voille ben entendre,
Et de language ensement
28 Cum il a nurture apent.
Si hom vous doigne petit u grant,
Tant cum vous estes joesne
[enfant,
En genoillant le recevez
32 Et doucement lui merciez;
Et si vous alez en cheminant
Et encountrez petyt u grant,
Voluntiers lui saluez
36 Et belement a lui parlez.
Si vous alez, cum surd, avant
Et ne diez tant ne quant,
Om dira delez vous
40 Ke vous estes desdeignous.
Si les escoles volez haunter
Vostre meistre devez duter ;
Et si vous savez voster lesçoun
44 Avant ke tun compaignoun,
Voluntiers lui apernez
Et belement a lui parlez,
Et ceo vous doint nurreture,
48 Curteisie et mesure.
Ne seiez pas mesdisant
A home, a femme ne a enfant.
Si riches home devenez,
52 De une chose vous porpensez :
Ne vous portez ja trop baut
Ne trop simples ne trop haut,
Més vous portez ouvelement
56 Cum a nurreture apent.
Si femme volez esposer,
Pensez de tei, mon filz chier,
Pernez nule por sa beauté

60 Ne nule ke soit en livre lettrié(*sic*),
Car sovent sunt decevables
Et relement sunt estables ;
Mès pernez une que soit sage,
64 Ke vous ne i poise sa mariage.
Ta femme demeine amerez
Et nule autre desirer devez.
Fuez putaine et hasardrie
68 Et la taverne ne hauntez mie ;
Od bone gent sovent alez
Et les mauveis fuïr devez.
Si povres home devenez,
72 Trop esmaer vous ne devez.
Car Jesu Crist omnipotent
Fait succurs a tute gent :
Ke en lui bien se affie,
76 Succurs fait et bone aye.
Si vous une ami avez,
De une chose vous porpensez
Ke ja, por vostre fol delit,
80 A lui ne facez nul despit ;
Et si enemi en avez,
Bien avisié soiez .
Se il tence vers vous,
84 Ceo vous pri par amours
A lui ne devez respouns doner,
Mès la place devez fuer :
Si vous responez le jugelour
88 Le pys averez a chief de tour.
De lui ne pernez ja vengance
De espeie ne de launce,
Car autre foiz poez conquerre
92 Vostre dreit par lai de terre.
Si sages home devenez,
Chier filz, de ceo pensez :
Si nul conseil devez doner

---

28 Il manque ici, par comparaison au ms. de l'Univ., 24 vers ; cette lacune est causée par un bourdon. En effet le vers *Cum il a nurture apent* reparaît deux fois, dans le ms. de l'Univ., aux vers 28 et 54. — 41 A partir d'ici le ms. de l'Univ. diffère beaucoup du ms. de Trinity et le ms. Bodley 9 encore plus. — 60 Cette défiance à l'égard des femmes lettrées n'est point exprimée dans les autres mss.; elle est toutefois assez générale au moyen âge. — 87 On préférerait *jangleur*.

96 A celui ke de vous ad mestier,
Lui conseillez sulunt la lai
Et lui diez la droite fai ;
Ne lui blandiez, jeo vous defent,
100 Ja por or ne por argent.
Lui diez la droite verité,
Ke autre foiz vous saçhe gré.
Et si pleidour devenez,
104 Bien avisé vous soiez.
Si l'em counte vers tei
Responez beal par bon lei.
Piez ne mains devez mover
108 Tant cum devez as genz parler;
Sans manaz u serement
Devez counter devant la gent.
De ceo ke ai a vous counté
112 Vous turnera a grant bounté,
Si vous le voillez retener.
Sachez por voir, mon filz cher,
De une chose vous dirrai ;
116 Uncore entendez a moi :
Des biens ke vous avez avant
  [conquis
Porpensez vous en tun avis
Les despendre en dreiture,
120 Jeo vous prie, et en mesure.

Ne vous medlez od fole genz
Ke vendent terres et tenemenz
Et roflent les damoiseles
124 Ke sunt en chambre si beles.
Il achatent riches viandes,
Figes, rys et alemandes,
Bone servoise et bon vins,
128 Riches oisels et graces gelins,
Et al drein mokent le despendur
Ki lur ad fet tant honur.
Quant il ne puit plus durer
132 Ne despender a lur voler,
Si lui fra tost un despit :
Un autre vendra en son lit.
Tant cum la burse puet durer
136 Amour de femme poez aver,
Et quant la burse soit enclose
De femme ne averez autre chose.
Por ceo garnez vos compaignons
140 Ke vous avez e nunduns (?) ;
Ke il poent le melz faire
Et de lur folies retraire ;
Et issi menez vostre vie
144 Ke vous amez le filz Marie.
Plus ne dirrai maintenant :
Chier filz, a Deux vous comant.

2. *La plainte d'Amour.* — J'ai déjà parlé ici-même, à plusieurs reprises, de ce remarquable poème (XII, 507; XV, 292; XXIX, 4). Je me bornerai à en citer les trois premiers couplets. Le premier ne se trouve que dans le ms. de Trinity.

Volez escuter un deduit (Fol. 266)
Ke jeo oy cestre (*sic*) autre nuit,
  Tut en cochaunt,

---

123 *Roffler* n'est pas relevé dans les dictionnaires. Est-ce l'angl. *ruffle*, au sens de « troubler, mettre en désordre » ? Le ms. de l'Univ. porte *robent*; Bodley 9 *roebent*. — 126 Univ. *resyns*. — 127-8 Mieux dans Univ. *Bon vin e graces owes, Et puis après funt lur mowes*. Même leçon, ou à peu près, dans Bodley 9. — 131-4 manquent dans Univ. et Bodley 9. Il semble que ces vers devraient prendre place après le v. 138. — 138 Ici s'arrête le ms. de l'Université. — 139 *Garnez*, avertissez. — 140 La fin de ce vers est corrompue.

> Entre trés duz fin' Amur
> Et un prodome de grant valur
> Issi disant :
>
> Amor, amor, u estes vous ?
> — Certes, sire, en poi de leus,
> Car jeo ne os.
> — Pur quei nen osez estre veu,
> Vous ki estes si bien conu
> Et de bon los ?
>
> Jeo parlasse od vous a leiser,
> Si il vous venist a pleiser,
> Tut privement,
> Por saver mon la verité
> Pur quei vous estes si rebotés
> De tute gent.

3. *La légende du bois de la sainte Croix.* — J'ai déjà signalé cette rédaction dans le ms. Gg. 1.1 de l'Université de Cambridge (*Romania*, XV, 326). Il y en a une autre copie dans le ms. B 282 de la Bibliothèque royale de Belgique, qui a appartenu jadis à E. De Coussemaker[1]. Ces deux manuscrits ont été, comme le nôtre, exécutés en Angleterre[2]. Ce ne sont probablement pas les seuls. Il suffira de citer les premières et les dernières lignes du ms. de Trinity :

(*Fol.* 273) Ki voudra saver et oyr de la verraye croiz, dont ele vint et de quel fust..... (*Fol.* 279) En ceste manere come jeo vus ai counté voleit Dieu ke nostre redempcion venit a lui de mesme le liu e de meisme le arbre dont nostre perdicion surdist premièrement; et de mesme le frut et de mesme le buche crust nostre sauvacion. E issint come nus sumes por feme descordez, issint par femme sumes a Dieu reconciliez.....

4. Suit, fol. 279, la version française du *Speculum* de saint Edmond de Pontigni, archevêque de Cantorbéry, dont on a beaucoup d'autres copies, voir *Romania*, XXIX, 53.

---

1. *L'Apocalypse en français, au XIIIe siècle* (Soc. des anc. textes fr.), p. CCXXVI, note 1.
2. Deux mss. d'origine française contiennent à peu près la même rédaction : Bibl. de Sainte-Geneviève, 1194 (xve siècle), et Rouen, 942 (*Catalogue général des manuscrits*, I, 238).

O.1.20. — Traités de médecine.

Volume assez gros (o m. 198 sur o m. 155), 328 ff. en parchemin, composé de quatre manuscrits, tous écrits au XIIIe siècle, mais par des mains différentes. Le premier comprend les ff. 1 à 237, le second les ff. 238 à 297, le troisième les ff. 298 à 322, le quatrième les ff. 323 à 328. Le poème par lequel commence ce recueil est à deux colonnes; de même aussi la Chirurgie de Roger de Salerne, qui occupe le troisième manuscrit. Le reste est écrit à longues lignes.

1. Poème médical contenant près de 2000 vers et composé d'après un original latin (voy. v. 83) que je ne suis pas en état d'indiquer. Cet original n'était probablement rien de plus qu'un recueil anonyme de recettes médicales, comme on en a tant fait au moyen âge. Le traducteur était anglais, comme le copiste. On ne s'étonnera pas de rencontrer dans le spécimen qui suit beaucoup de vers trop longs ou trop courts. J'ai proposé diverses corrections, mais toutes ne sont peut-être pas légitimes. Il faudrait avoir étudié le poème en son entier pour arriver à faire le départ entre les fautes du copiste et les irrégularités imputables à l'auteur.

```
   Qui cest livre vodra entendre        Ke il ne poent estre estable :
   Bele raison il porreit aprendre ;    Le fu si degaste z confunt,
   Plusors choses il porreit oïr     16 Ce sevent ceus ki veü l'ont.
 4 Ke mult font bien a retenir.         De l'ewe vous dirai le voir :
   Ce vous di jo por cors humain        En travail est [z] jor z soir ;
   Ki longes ne poent estre sain,       Le vent est en travail sovent,
   Ne dure gueres en saunté          20 Et la tere, si com jo entent,
 8 Kar itele est sa qualité.            En travail sunt en tel endroit, (b)
   Le fais de quatre helemens,          Chaut sunt, secche, moiste z froit;
   De fu, de ewe, de terre, z vens ;    Entr'eus a grant diversetés ;
   Ceus quatre que ci vous acont     24 E s'i covient adversetés,
12 De tele manere ensemble sont         Divers maus z enfermetés
   Ke il sont entre eus si muable       Dont mainte gent sont engrotés.
```

---

2. 3 Suppr. *il*. — 6 Corr. *puet*. — 9 Corr. *Fais est ?* 12 — Corr. *tel*.

Vous entendez bien que ce suhait,
28 Mès Deus encontre ce nus fait
Mult grant solaz z grant confort,
Ke il garist maint home de mort
Par herbes, bien est coneü,
32 Ou Deus a mis grant vertu,
Chaudes z moistes, douces, ameres
....
Ki bien la force conustroit,
36 A maint home valer porroit.
Herbes ont mult trés grant vertus
De bois, de pré z de palu.
Semence, flors, fuile, racine
40 Mult par valent a medicine;
Maintes herbes poez voir
Ke maltes maus poent garir;
Les herbes conustre poez,
44 Mès les vertus pas ne savez.
Voir pouez des herbes plusors
Foilles, semences, [fruis ?] et flors;
Vous ne savez lors qualitez
48 Ne lor vertuz ne lor bontez.
Et vous por quei les priseroiez
Kant vous sol lor nons conusez ?
A vis vous est n'ont nul po[o]ir
52 Kant chescun home les poes avoir;
Quant [ele] est plus chier achatée,
Tant est de vous plus desirée.
Eles crescent en bois z en prés,
56 En voies, en sentes z en blés;
Par ces fosses z par ces haies
Les troveras, poor n'en aies.
Il i a homes plus de mil
60 Que por lor plenté les tenent vil,
Ke mult encrescent z tauns sont;
Les grans plentés plus viles ont.
Més, por ce qui il i a tauntes,
64 Ne sont eles mie meins vaillauntes,

Ne le meins ne sont vert[u]euses,
Profitables ne precïoses. (d)
Cil ki [bien] conust lor maneres
68 Les tient a bones z a chieres ;
Mès cil qui la vertu ne siet
Ne poet chaloir si il les aime ou
[hiet ;
Si n'est nul home, al mien viaire,
72 Ki n'ait de medicine a faire
Ou por son ami ou por soi,
Ou por aucun autre, come jo croi.
Mult vault a proiser lor savoyr
76 Ke vous poet a bosoine valoyr,
Sen z savoir z riche fais,
Kar grant bien avienent après.
Ore vous voil par tant mostrer
80 Ke ai enpensé a translater :
Ce seroit eslit z scient
Qui mult vaudroit a plusor gent.
En romauns dirai le latin,
84 Puis l'escrivrai en parchemin,
Ke plusors le puissent aprendre
Que ne sevent latin entendre.
Et si aucun home a envie
88 Qui il por ce de mai meisdie (f. 2)
Ke en romauns l'ai translaté,
Jo li dirai la verité :
Mon sen demostrer mult m'est bon,
92 E si li plaist ce est bien saison ;
Si envie a z il me hiet
Moi ne chaut gueres, Deus le siet,
Kar en tele chose me delit
96 Ke tornera a graunt profit.
Por vertin.
Por le vertin pernez la rue
O l'ere en terre creüe;
Triblez le bien, pressez le jus
100 Tant que ne poez traire plus;

---

30 Il faut prononcer *k'il*, ici et ailleurs. — 41 Corr. *veir*. — 45 Corr *Veir p. d'e* — 52 Corr. *poet*. — 63 Corr. *qu'il en i a*. — 69, 70 Lire *sait-hait*; de même vv. 93-4. — 70 Vers trop long : *Ne chaut?* — 72 On préférerait *K'il*. — 74 Suppr. *aucun*. — 75 *vault*, corr. *fait?* — 76 Corr. *bosoin*.

Pernez miel ⁊ aubon de oef
Et un drap linge viel ou noef;
Bien l'emplastrez, ne vous soit grief,
104 Si le metez sor vostre chief.
Autre
Autre medicine ai ci trovée

Ki de plusors est mult loée;
Dauns Galiens le nous tesmoigne:
108 En le mois de mai pernez ve-
[toigne,
Triblez le, si li donez le jus (*b*)
Plaine coupe ou auques plus...

Voici les derniers vers:

(Fol. 23) *Por feme ke targe d'enfaunter*.
Si femme targe d'enfaunter
Por tost mort ou vif fors geter,
Let de femme od oile bevra
Tost apres le delivra (*sic*).

Espeirement de enfaunt :
Si vous volez saver en ame.[1]

Quaunt feme porte malle,
La face est plus vermaille,
Et si n'est pas de haille[2];
Si est la mamele destre
Plus graunt ke la senestre;
Auques vaut viaires
En plaisaunt ses aferes.

2. Suivent des recettes en prose. La première a la forme d'une légende. Elle se retrouve ailleurs sous des formes variables : en latin dans quelques livres d'heures, par ex. dans le n° 1 de la Bibliothèque de Saint-Brieuc (XVe siècle) : « Tres boni fratres ibant per unam viam et obviavit eis Dominus noster J. C. et dixit eis : Boni fratres, quo itis ?... » En anglais, mais sous une forme assez différente, dans les *Reliquiæ antiquæ* de Wright et Halliwell, I, 126.

Esperment a plaies.
Treis bons freres estoient ke aloient al mont d'Olivet por coillir herbes bones a plaie ⁊ a garison. Et ancontrerent nostre Seignor Jesu Crist, ⁊ nostre Seignor lor demanda : « Treis bons freres, ou alez vous ? » ⁊ il responderent : « Al mont d'Olivet por coiller herbes de plaie ⁊ de garison. » Et Nostre Sire dit a eus : « Venez o mai, ⁊ me grantez (*c*) en bone fei ke vous nel diez a nul home ne a femme ne aprendrez : Pernez oile d'olive ⁊ leine ke unkes ne fust lavee, ⁊ metez sor la plaie ». Quaunt Longins l'ebreu aficha la launce en le costé nostre seignor Jesu Crist, cele plaie ne seigna, ele n'emfla point; ele ne puoit mie, ele ne doloit mie, ele ne rancla mie, ele n'es-

---

1. Je pense qu'il faut entendre *en esme*. Pour rendre au vers suiv. sa rime et sa forme régulière, on pourrait lire *Quaunt enfant malle porte femme*.
2. Corr. *faille* ?

chaufa mie. Ausi ceste plaie ne seine mès, n'emfle point, ne pue mie, ne doile mie, ne rancle point, n'eschaufe mie. En le nun del Piere, el nom del Fiz, el nun del seint Espirit. *Pater noster* treis fois.

Por malade aveiller.

Pernez le castor z ardez le ; z quaunt il est ars, affumez le malade de cele fumée ki trop dort, z il aveillera maintenaunt.

Voici les deux dernières recettes :

(Fol. 24 b) *Por entounement d'oreille.*

Por entounement d'oreille, sain d'anguille soit boilli (c) en la poielle, et puis refreidi, et puis i metez jus de jubarbe et la pudre de nois muscade triblée, et oile de lorier ; tot ce seit quit ensemble et mis en neit veire, et de ceste oignement oignez l'oraile la ou ele dout, par laquel oignement oïe est recovré, et le nerf retrait en oint aloins.

Autre. Pernez aloine et vif argent estaint et aubun del oef et viel oint, et triblez tot ensemble ; et por le sowef flairer si vous volez, si i metez encens.

3. Traduction en prose de la *Chirurgie* de Roger de Parme. — On sait quel a été le succès de la *Practica chirurgie* de Roger de Parme ou de Salerne. Non seulement on en possède de nombreux manuscrits, mais encore elle a été traduite au moyen âge en diverses langues. M. Ant. Thomas a cité plusieurs de ces traductions ici-même [1] dans le mémoire qu'il a consacré à la paraphrase en vers provençaux de Raimon d'Avignon, et entre autres une traduction française [2] qui est sensiblement plus récente que celle dont je vais donner un extrait. Nous trouverons plus loin, dans une autre partie de notre manuscrit, une troisième version de la *Practica chirurgie*, différente des deux précédentes.

Avant de transcrire les premiers paragraphes de la traduction qui occupe les ff. 24 à 45 du ms. de Trinity College, je crois utile de reproduire ici le début du texte latin d'après l'édition de 1546 [3] :

---

1. *Romania*, X, 63 et suiv. ; cf. *ibid.*, 456.
2. Bibl. nat., fr. 1288.
3. *Ars chirurgica Guidonis Cauliaci...* his accesserunt *Rogerii ac Guilielmi Saliceti chirurgiæ...* Venetis, apud Juntas, MDXLVI. La chirurgie de Roger de Parme termine le volume, fol. 362 et suiv. — Le même texte, avec beau-

I. De vulneribus quæ fiunt in capite.

Caput vulnerari diversis modis contigit : vulneratur enim aliquando cum fractura cranei, aliquando sine fractura ejusdem. Fractura vero cum vulnere aliquoties est magna et manifesta, aliquoties est parva. Sed, tam magna quam parva, alia est cum magno et amplo vulnere, alia cum parvo et stricto. Quæcumque vero fractura cranei sit, de læsione panniculorum cerebri semper est dubitandum ; nam aliquando pia mater, aliquando dura mater læditur. Cum vero dura mater læditur, per hæc signa cognoscitur : patienti dolor adest in capite, rubor in facie, oculorum incensio, alienatio, linguæ nigredo. Piæ matris læsio per hæc signa cognoscitur : defectus virtutis adest, ablatio vocis, pustulæ quoque solent in facie supervenire, sanguis et sanies a nasibus effluere et constipatio ventris adest, et rigor ter et quater in die solet patienti contingere, quod est certum signum mortis. Et omnibus vel pluribus de supradictis signis supervenientibus usque ad centum dies ad plus mors sequitur vel expectari potest. Et maxime, si aliqua menyngarum cerebri læsa sit, morietur æger in primo plenilunio adveniente, ut in pluribus hoc contingit. Quia ergo de fractura cranei sequitur maximum periculum, qualiter fracturæ cranei nos subvenire possimus, per ordinem prosequamur.

II. *De fractura cranei magna et manifesta cum largo et amplo vulnere.*

Cum fractura cranei magna et manifesta cum amplo et largo vulnere fuerit, ut si fiat ense vel aliquo simili, ita quidem ut os vel aliquid aliud debeat abstrahi, nisi sanguis multum fluat vel aliud impediat, os, sive aliud quod, removeri debet, illico abstrahatur, et subtilissimus pannus de lino inter craneum et duram matrem, velut ex obliquo, cum penna caute mittatur; in ore vero fracturæ cranei pannus de lino vel de serico, quod longe est melius, ita quod extremitates panni undique sub craneo provide immittantur, ne putredo ab exterioribus fluens ad duram matrem decurrat et majorem læsionem cerebro inferat. De spongia vero marina diligenter lota et exsiccata idem fieri consuevit; hæc enim putredinem ab exterioribus derivatam, velut bibula, recipit ; vulnus autem extrinsecus totum, undique peciis lineis in albumine ovi infusis et aliquantulum expressis diligentissime repleatur ; plumaceolus desuper ponatur, et, pro varietate partis capitis, caute ligetur. Bis in hieme et ter in æstate mutetur ; et patiens supra dolentem partem ad jacendum locetur. Cum hac cura est insistendum usque ad plenam cranei restaurationem.

III. *De superflua carne si super duram matrem excreverit.*

Si vero ante cranei reparationem aliqua superflua caro supra duram matrem excreverit, spongia marina bene lota et exsiccata ponatur ibi, quousque caro superflua corrodatur. Cæterum, si, post reparationem cranei, caro

---

coup de fautes d'impression en plus, se trouve dans la *Collectio Salernitana* de Salvatore de Renzi, II, 458 et suiv. Le début est imprimé, d'après un ms. de Florence, par Puccinotti, *Storia della medicina*, II, 2ᵉ partie (1870), p. 387.

super ipsum reparamentum superflua creverit, pulverem de hermodactylis secure ponere consuevimus. Vulnus autem extrinsecus cum panno solum et carpia usque ad finem perfecte curamus...

Voici maintenant le début de la version française, que je suppose avoir été faite en Angleterre comme les autres écrits médicaux du même volume ; mais comme il s'agit d'un texte en prose, on comprend qu'il serait téméraire de l'affirmer absolument.

[I] *De tote [s] manieres de froisseüres* (fol. 24 c).

Il avient ke li chief est naufrez en diverse[s] manieres, kar il est a la fiez naufrez ovec la depesceüre del tès, a la fiez sauns depeceüre del tès. La depeceüre ovec la plaie est a la fiez grant (d) z aperte, a la fois petite z repuse [1]. Mais quaunt la depeceüre del tès ke om l'a petite est a la fiez ovec large plaie z grande, a la fiez avec petite plaie z estreite [2]. En quelcunque maniere la depeceüre del tès seit, il est a doter de la bleceüre des peaucellettes lesqueles envolupent le cervel, kar a la fiez la dure mere est blecee, a la fiez la pieue mere [3]. Quant la dure mere est blecie, ces sunt les signes : li naufrés ad dolor el chief, rojor en la face, enbrasement es euz, il est tot devez [4], la langue est tote noire. Mès quaunt la pieue mere est depecie, ces sunt les signes : il n'a point de vertu ne vois, bocetes suelent lever en sa face tot au comencement, sanc z merde sout decore de ses oreilles z de ses narines ; il est tot serrés ; (f. 25) il a freit .iij. fois ou .iiij. le jor, z ce est certainement signe de mort. Iceus signes sorvenans le naufrés ne poet vivre au plus de cent jours [5].

[II] *Por depeceüre.*

Quant la depeceüre del tès est graunt z aperte, si com ele seit faite d'espée ou de hache, si os ou autre chose deit estre estrait, tost seit estrait. Si la plaie seine trop, donkes un delié drapel de lin seit mis entre la dure mere z le tès

---

1. *Et repuse* (cachée) semble une addition du traducteur, si on s'en tient au texte latin imprimé. Toutefois un mot s'opposant à *aperte* (lat. *manifesta*) est bien ici à sa place.

2. Le texte pourrait se comprendre si on mettait ici une virgule au lieu d'un point, mais le sens serait bien mal rendu. Je pense qu'il faut terminer la phrase après *estreite*, comme dans le latin, et supposer qu'il y a une faute ou plusieurs dans ce qui précède. On pourrait proposer : *Mais, quaunt [ke soit] la despeceüre del tés ke om a [grande ou] petite, est...*

3. Le traducteur avait sous les yeux un texte comme celui de Florence (Puccinotti, II, II, 387), où *pia mater* est en second.

4. Pour *desvez* : lat. *alienatio.*

5. On voit qu'ici le traducteur omet un paragraphe.

en botaunt d'une penne en esclent¹ ; drapeus de lin ou de seie, ki meilor est, seit mis en la depeceüre del tès, si ke les chiefs des drapelès seient de totes pars sor le tès, ke ordure n'i pust venir a la dure mere, z ke le cervel ne seit plus blessé. Om poet faire iceste chose d'esponge de mer (b) bien lavée z essuée, kar ele beit la porriture. La plaie dehors se[i]t emplée de drapelès de lin moilez en aubun de oef, z un poi après un orilier seit mis desus, z bien seit lié ; .ij. fois en yver z .iiij. fiez en esté seit remué la plaie. Li malade gise sor sa plaie ; z si seit gardez² de si ke li tès seit garis. [III] Si morte char crest desur la dure mere devaunt ce ke li tés seit garis, esponge marine ne mie³ bien lavée z faite seche seit mise de si a ce ke la morte char seit ostée. Si la morte char crest desur le repareillement del tès, poudre de ermodacles⁴ metés sure. La plaie dehors seit garie⁵ de linge drap z de coton. Come la plaie seit garie, apostolicum cirurgicum i seit mis. [IV] Si la depeceüre del tès est graunt z la la plaie petite, si ke om ne puisse saver si la depeceüre est grant ou petite, botés i le dei z tastés amont z aval, kar nous ne sentoms en nule manere si bien come del dei ke a ongle. Puis ke vous saverez de la depeceüre del tès si la plaie est estroite, fendez le en crois, z deseverez les quartiers del tès d'un estrument ke on apele *erugo*⁶. Et si sanc ou autre chose ne destorbe, si os ou autre chose deit estre trait, ostez le tost avec pissicalloris⁷, c'est un estrument. Si la plaie seigne mult ou autre chose destorbe, n'i faites nient. Metés .j. drap entre la dure mere z le tès, z faites totes les choses ke sont (d) dites devant. Metés les quartiers ensemble ; emplez tote la plaie de drapelès moillés en aubun de oef. Metés .j. oreillier de drapel desure z liés le z laissez le issi del matin treske au vespre, ou del vespre treske au matin. Li malades gise sor la plaie. Quant vous revendrez al malade, si vous trovez les quartiers enflés z aoites⁸, icest est bon signe ; si vous les trovez retraiés

---

1. *En esclent* traduit « ex obliquo » ; le sens propre serait plutôt « à gauche » ; *esclenque* signifiant « gauche » (voir Godefroy) ; c'est l'anc. all. *slinc* (Förster, *Zeitschr. f. rom. Phil.*, I, 561). Mais la locution *en esclant* n'est pas relevé dans Godefroy, et je ne l'ai jamais rencontrée ailleurs qu'ici et dans la seconde traduction (*en escleng*, ci-après, p. 92).

2. Il faudrait *gardé*, au neutre.

3. Suppr. *ne mie*, ou corr. *neuve*?

4. « Hermodacle, bulbe de colchique. » Dʳ Bos, au glossaire de la *Chirurgie* de Mondeville.

5. *Garie*, ici et à la ligne suivante, est pour *garnie*.

6. Rugine, anc. fr. *roisne* ; voir Littré, RUGINE, et le gloss. de Mondeville, ROISNE.

7. Pinces, *piscarides* dans la traduction de Henri de Mondeville (éd. Bos, §§ 749, 1018).

8. *Aoite* (lat. adaucta) n'est enregistré dans God. que comme subst. fém.

5

z amenuisés, mauveisse signe est. Faites iceste cure desi treske li tès seit garis. Amenuisse donke les drapelès z metés les quarters en lor propre lui. Garisez [1] la plaie puis de drapeus z de coton. Nous metoms tant soulement drap en la plaie dont le tès est depeciez ; nous laissoms del tot en tot ointes choses ; apostolicom (*fol.* 26) cirurgicum seit mis sor une coreie, z la coreie seit mise sor la plaie sanée.

La version se poursuit assez régulièrement jusqu'au ch. xvii du latin ; de là nous passons au ch. xxi, dont voici la traduction :

(Fol. 29 c) *Quant home chiet del fort mal.* Trenchiez le quir el somechon del chief en crois, et faites pertuis en le tès, ke la matere s'en voist. Liez fermement le dervé [2]. Garisez la plaie come devant. — *A faire quiture.* Faites une quiture en la fontenelle del col deriere.

Suit le chap. xxix du l. III (*Si intestinum per aliquod vulnus foras exierit et per largum vel ex obliquo...*) :

(Fol. 29 d) *Si les boele[s] issent.* Si les boueles issent par aucune plaie, et les boueus seient trenchiés, mès ke la graindre partie remaine saine, aidez le issi : si les boueus sont endurcis par froit, trenchez aucune vive beste par mi, et metés sor les boweus de si a ce que il seyent rechaufés...

Mais à ce chapitre s'arrête la traduction de la Chirurgie de Roger. La recette pour l'*apostolicom cirurgicom* (sic) et l'*apostolicom bastart* (fol. 30) ne sont pas de Roger, non plus que diverses recettes qui suivent. A partir du fol. 33 le copiste écrit à longues lignes, et non plus à deux colonnes. La première recette de cette partie du manuscrit commence ainsi : (Fol. 33) « *Poudre por la piere.* Poudre por piere, recet semence de persil, de fenoil, de ache, de lovache, les semences de chascon une once... » Ce recueil de recettes se termine comme suit :

(Fol. 43 v°) *Encontre sanc decorant de nés.* Encontre sanc ke decort (*fol.* 44) de nés, faites li ceste signe sor le front : XX. Si pernez après .j. festu a .ij. nous z coupez les nous, z puis escrivez cest signe en son front de son sanc.

A ce meime : pernez argille trés fort z le destemprez de vin egre, z de ce

---

au sens d'accroissement, avantage ; ici c'est un adj. à peu près synonyme d'*enflés* qui précède.

1. Pour *garnisez*.
2. Il y a dans le latin : « patiens autem in vinculis teneatur. »

faites .j. escritoire de sus le front, ꝛ de cele tere meimes ꝛ et de cel vin faites une emplastre ꝛ metez sor le flanc.

A ce meime : faites poudre de vers de tere o solsecle ꝛ peivre, ꝛ ice destemprez ꝛ bevez en vin par .iij. lunisons. Derechief quisez le quer de .j. cicoigne ꝛ l'ewe bevez, ꝛ escrivez les nons des .iij. reis, Jaspar, Melchior, Baptizar, en .j. brevet, ꝛ les portez sor vous.

Encontre sanc. Pernez bendes de linges cordeles, ꝛ temprez en vin egre, ꝛ liez les jointes totes.

Encontre le maille et le teie del oil novele, pernez le sanc de arundes secke, ꝛ faites poudre, ꝛ metez en l'oil au malade un petit ensemble. Encontre le maille del oil, pernez pel de colovre ꝛ quisez en grasse de coc ou de oisel ke vit de ravine, ꝛ puis colez parmi .j. drap, ꝛ si le estuez (v°) en .j. vaissel de areime, ꝛ metez en l'oil au malade.

A ce meime : pernez basme une partie, ꝛ de fiel de oisel ꝛ metez en l'oil.

Quisez le rouge lumaisson en ewe ꝛ coillez la grasse, ꝛ puis le colez ꝛ en oignez les euz [1].

Collire as euz. As euz faites tel collirie : pernez cire virge ꝛ tuttie ꝛ vert de Grece, saugeme ; poudrez tot ꝛ destemprez de bon vin.

Encontre festre, sanz trencher, faites tel emplastre de ces herbes : favee .iiij. poignes, des autres de chescune une : primerole, bugle, la racine de cucuel, mirfoil, gantelée [2], sanemonde [3], herbe Robert [4], pinpre, ꝛ batez en .j. morter, ꝛ pernez siu de moton ꝛ fondez ꝛ pernez le jus des herbes ꝛ miel ꝛ farine de orge, suffisantement, ꝛ de ce faites emplastre ꝛ l'eschaufez ꝛ le metez si chaut com il porra suffrir ; mès primes metez une tente en la plaie, ꝛ après metez l'emplastre desus.

4. Court traité de médecine, qui n'est qu'une série de recettes. — Les trois premières lignes, dont la première est la rubrique, ont été grattées presque totalement.

(Fol. 45)..*a doner medicine*.
T..
.... quant vodrés doner medicine a malades, se regardé[s] laquele humor li abunde el cors, ꝛ quele maladie il ad. Se ce est fleume, vous le devés atraire par oximel donier, ꝛ quant la matere est aparill[i]e, que vus le conustrés par l'especeté ou par la color del urine se li dictes [5] ainz que vus li donés medicine par troi jors de bones viandes ꝛ

---

1. Cet emploi du limaçon contre une affection des yeux est recommandé ailleurs ; voir les recettes publiées d'après un ms. de Cambrai par M. Salmon, art. 54 (*Études rom. dédiées à G. Paris*, p. 259).
2. Campanule gantelée, Joret, *Flore popul. de la Normandie*, p. 125.
3. Benoite, Dr Bos, *Chirurgie de Mondeville*, au glossaire.
4. *Geranium Robertianum*, Joret, *Flore pop.*, p. 49 ; cf. *Romania*, XII, 101.
5. Corr. *si le dietés* ?

solubles, z si mangut porées que soit fait de mauves z de mercuriale, z se i metés char de porc. Se vus n'avez porée, si pregnez oignions z metés ovec la char de porc, z se ce est en tens que on ne doit mie manger char, se mangut teles viandes : c'est a savoir menuise, perches, luz, roches, poissons a grosse[s] escardes[1] de mer z de duce ewe...

Ce traité se termine (fol. 52) par un chapitre intitulé *Encontre fause fleume, scabie, roigne, dertre, manjue, z tesche z autre[s] choses*. Les deux dernières recettes sont les suivantes :

(Fol. 52 v°) *Autre*. Pernez tendrons de runce z lovasche z quisez en gresse de capon, puis metez en .j. boiste en cire.

Oinement a goute rose. Pernez demie marc peisant de blanc de Puille z demi marc pesant de blanc plum z demi marc pesant de blanc alun z demi marc pesant de franc encens z .j. marc pesant d'oile d'olive z .j. marc pesant de vif argent z .j. livre de vieuz oint.

5. Traité (apocryphe) d'Hippocrate envoyé à l'empereur César. — Ce traité, qui commence par la théorie des quatre humeurs, et n'est autre chose qu'une collection de recettes médicales, a été, comme on sait, extrêmement répandu au moyen âge. Les manuscrits latins en sont fort nombreux, et il en a été fait, au XIIIe siècle, plusieurs traductions françaises. Celle que nous avons ici se rencontre en divers manuscrits, par exemple Digby 86, fol. 8 v° (Bodleienne)[2], Harl. 2558, fol. 175 (Musée britannique). Dans ces deux mss., l'ouvrage est précédé d'une rubrique qui manque ici[3]. J'ai déjà signalé une autre version du même apocryphe dans un ms. de l'Université de Cambridge, et à ce propos j'ai cité d'autres versions[4].

(Fol. 53) Chascun veraiment, z home z beste z oisel, qui cuer a en soi, a .iiij. humors, meïsmement cors d'ome, et queles sont les humors ? Ce est a savoir l'une est chaude, l'autre est seche, la tierce est moiste, la quarte est

---

1. Écailles.
2. Voir la notice de M. Stengel, p. 4.
3. Dans le ms. Digby : « Ici comence le livre Ypocras ke il envead a Cesar l'empereur. » Harl. : « Ceo est la livre ky jeo Ypocras enveye a Sesar. »
4. *Romania*, XV, 274. Ajouter aux manuscrits cités a cet endroit les n°s 2261 et 3124 de la Bibl. Sainte-Geneviève. Je note en passant qu'il existe une version en provençal du même traité. Fr. Michel en cite les premières lignes d'après un ms. qui lui appartenait en 1856, dans son édition du poème de la guerre de Navarre, p. 782. Il a dû le vendre, mais je ne sais à qui.

froide. Par la chalor sont soustenues totes iceles choses par lesqueles nos vivons. Nostre os sont sec qui force nos donent a soffrir travail. Froides sont les entrailles dont nous espirons, ʒ li sans est moistes qui norrist la vie. Par les os ʒ par les entrailles corent les veines, lesqueles governent le sanc ; li sans la vie; la vie le cors sostient...

6. A la suite viennent des recettes empruntées à l'ouvrage de Platearius qui sera indiqué plus loin. En voici une contre la fistule ou « goute festre ».

(*Fol.* 191) Fistula si est une maladie que ome apele goute festre ; si est une plaie parfont estroit par desus en la superficie ; si vient acostomement de veus plaies sorsanées, come la bouche desouz est teint de venim, dont toté la norreture qui i vient torne a corrupcion, dont la superfice depece, et cort fors une porreture. Et come ele est une fiez resoudée ou .ij. foiz, si depece de rechief, et environ la plaie si naissent plusors bouches ; ʒ si vient a la fiez de cause reumatique sans plaie que l'on a eü devant...

Suivent diverses « cures ». Voici la dernière :

(Fol. 191 v°) *Autre.* Faites poudre en tele manere de cantaridis : pregne l'en cantarides vives ʒ les mete om en vin (f. 192) egre ʒ en sel, ʒ au tierç jor les mete om secchier au soleil, ʒ en face l'en poudre, ʒ mete l'en en goute festre ovesques une tente, ʒ face l'en une quiture en la fonteine del col. — Poudre precius a tuer cancre. Pregne l'en le jus des racines affodillorum .vj. ounces, ʒ chius .vj. onces[1], .x., de orpiment .j. once, ʒ les confise l'en en teu manere : les boille l'en en ewe ʒ i mete om .j. once de orpiment ʒ les lesse l'en boillir .j. poi, ʒ les confise om, ʒ les mete om au solein (*sic*) secchir, ʒ en face om trocisques, ʒ les estue l'en tant que on ait a fere por metre sor cancre.

Explicit *Amicum induit*.

Amicum induit qui justis amicorum petitionibus condescendit est le début de la *Practica brevis* de Platearius, dont les manuscrits ne sont pas rares[2], et qui a été imprimée dans l'ouvrage intitulé, *Practica Jo. Serapionis, dicta Breviarium* (Venise, 1497,

---

1. Un mot doit avoir été omis.
2. Bruges, 470 (Laude, *Catal. des mss. de Bruges*, p. 405). Cambridge, Trin. Coll. R. 14. 40 (James, *Catal.*, II, 325); Peterhouse, o.5.1, fol. 119 (James, *A descriptive Catal. of the mss. in Peterhouse Library*, p. 73). Florence, Bibl. Laurentienne, Gadd. 201 (Bandini, *Bibl. Leop.-Laur.*, II, 198). Oxford, Bodléienne, Ashm. 1428; Magd. Coll., 173. Paris, Bibl. nat. lat. 8160, fol. 9, etc.

in-fol.; Hain, n° 14695), fol. 169 et suiv. Le paragraphe sur la fistule et la recette pour la poudre de cantharides se lisent en latin, à la fin de la *Practica*, fol. 185 v° de l'édition citée.

Suit, de la même écriture, mais un peu moins grosse :

Pernez une poine de cikoré une de cerelaunge [1] z la terce de coupere, z une des racines de persil, z une des racines de fenoil, z une de menu ache, z une de lachim, z une de la semence de aniz, z une poine del escorche de saumbu [2] z demi poine de escroche (*sic*) de frene z deus poines de pollipode.

7. Traduction d'un autre traité apocryphe d'Hippocrate. — La rubrique attribue ce traité à Hippocrate, et il est certain qu'on y trouve beaucoup de choses prises à cet auteur. Mais en réalité l'original est l'œuvre d'un médecin anonyme de l'École de Salerne. Cet original a été imprimé pour la première fois, par Henschel, d'après un manuscrit de Breslau. Il est réimprimé (avec les notes de Henschel) dans la *Collectio Salernitana* de Salvatore de Renzi, II, 74 [3]. Seulement notre traducteur a dû avoir sous les yeux un texte pourvu d'un prologue qui manque dans le ms. de Breslau, et dont il s'est borné à donner un résumé en forme indirecte. La traduction est du reste fort libre et renferme bien des passages que je n'ai pas trouvés dans le latin.

(Fol. 194) *Issi comence le sotil enseignement Ypocras a ces disciples que mult li avoient requis coment il deûsent visiter li malades.*

Li auctor dist au comencement de cest livre z parole a ses disciples qui l'avoient requis de cest livre faire, z dist qu'il a grant joie z grant leesse totes les foiz que il pense à lor peticion pur le preu que lor est a venir de sa doctrine s'il volent retenir; z dist qu'il ne lor dira se choses espruvées non z coneües. Et si lor dist qu'il n'aveient pas sa doctrine pur vil, por ce qu'il ont assés livres de fisique, que om estanche bien sovent la soif d'un roissel, com l'en ne poet venir a la funtaine. Ore vos dirons dunques un poi de bons comandemens que serront autresi com introductions de practique, car a la fiez si vaut mut l'art ove la main; c'est a dire que le practique vaut mut ove la theorique. Ore vus doig donques un novel comandement que vus facés trestoz autresi come jo faz et que vo[s] overés si com jo vus enseigneray.

---

1. Langue de cerf, scolopendre (Dorvault, *L'Antidotaire Nicolas*, p. 53).
2. Sureau.
3. De plus il y en a une rédaction en hexamètres dans le t. IV de la même collection, p. 145 et suiv.

(V°) O tu mires, com hom te requer[r]a que tu viengies veoir aucun malade, le nun de Nostre Segnur te puisse aider, ꝫ li angeles Deu ke fist compaignie a Thobie, cum il ala en Ninive, ꝫ le guiout ꝫ menout, puisse guier ꝫ conduire vostre cors ꝫ vostre alme en totes vos ovres! Ore vus amoneste donques que vus enquerez ꝫ encerchez par chemin, tot com vos irrés pur veoir le malade, dou messager, com longement li malades avera geü, ꝫ en quele manere la maladie li avint, que vus puissez estre certefiez de la maladie par les signes que li messager vus dirra, si que vus ne seez pas esbaïs cum vus vendrez devant le malade...

A la suite de ce traité, du fol. 211 v° au fol. 213 v°, où finit le cahier, une main différente, mais de très peu postérieure, a écrit diverses notes de matière médicale. La première paraît abrégée de l'article *Olibanum* du livre *De simplici medicina*, ou « Circa instans » de Platearius; voir la *Practica Serapionis* citée plus haut, fol. 205 v°. Pour les deux autres, voir le même ouvrage, fol. 205 v° et 207 r°.

Olibanum, ceo est ensens. Il est chaud e seche el secunde degrei. Il ad vertu de cunforter et de confermer, de traire ensemble e de restreindre; il est bon encuntre les lermes des oylz e la dolur de denz e encontre le huuel e encuntre la grossesce et la roinssor des nariles, e encontre *(fol. 212)* indigestiun e ameres eructations, e pur les mameles engred[l]er[1] sun podre confit od eysil e enplastre sor un drap e mis sur le mameles. — Poine est chaude ꝫ sèche el secunde degrei; ele a vertu a defaire e a degaster.

Plum est freid e moiste el secund degré. Pernez un morter de plum et un pestel, e metez la einz eve ꝫ oile oviole[2] e movez le deques il seit espès; après sil metez sechier quinze jors au solail, e pus si metez oile rosat e movez le mut e suvent. Icest uniment mult vaut encuntre arsure de feu u de ewe chaude e encuntre chaudes apostemes e encuntre escorceüres de chalure encuntre roigne qu'en apele en englois les changles...

8. *Traité en vers sur les maladies des femmes.* — L'auteur indique, en termes généraux, dès les premiers vers, les sources auxquelles il a puisé. Entre ses auteurs, il nomme une dame appelée Cléopatras. Cette Cléopatra (sans *s*) était une femme médecin de l'antiquité, sur laquelle on a divers témoignages anciens, mais de qui il ne subsiste aucune œuvre authentique[3]. Ce nom a été pris par notre auteur dans un traité fort répandu

---

1. « Ad mamillas gracillandas ».
2. « Oleum rosaceum vel violaceum ».
3. A la suite de *Trotula*, on trouve dans le ms. B. N. lat. 7056 (fol. 86 v°) un traité qui commence ainsi : « *Incipit genecea* CLEOPATRE *ad Deodatam.* Desideranti tibi filia, karissima, et habere volenti commentarium curationis

appartenant à l'école de Salerne et connu sous le nom de *Trotula*; c'est ce traité qui est sa source principale. Mais je dois faire remarquer que les éditions de *Trotula* (j'en connais trois, de 1544, 1547, 1566) présentent un texte remanié d'où le nom de Cleopatra a disparu. C'est donc d'après un manuscrit que je rapporterai ici un morceau du texte latin que l'on pourra comparer au début du poème français :

....Earum (=mulierum) igitur miseranda calamitas, et maxime cujusdam mulieris gratia animum meum sollicitans, impulit ut contra egritudines earum evidencius providerem sanitati, ex libris Ypo. et G[alieni] et Cleopatre pociora decerpere desudavi, ut causas egritudinum et signa cum curis exponerem et dicerem[1]. Quoniam in mulieribus non tantus habundat calor ut pravos humores sufficiat desiccare qui in eis sunt, nec tantum laborem valeat debilitas earum tolerare ut per sudores valeat eos ad exteriora expellere natura, sicut in viris, propter hoc ad caloris recuperationem, eis quandam purgationem natura precipue assignavit per menstrua que vulgus flores appellat; quia, sicut arbores non ferunt fructus sine floribus, ita mulieres sine floribus officio sue conceptionis fraudantur. Hujus autem purgatio contingit mulieribus, sicut viris de nocte pollutio accidit, vi nature. Semper enim natura gravata a quibusdam humoribus in viris sive in mulieribus, juxta genus suum nititur honus suum deponere et laborem minuere. Contingit mulieribus hec purgatio circa quartum decimum annum, vel paulo citius, vel paulo tardius..... (*B. N. lat.* 7056, *fol.* 77, *corrigé çà et là, à l'aide d'un autre ms.*)

Prologe (fol. 214).

Bien sachiés, femmes, de ce n'aiés dotaunce,
Ci est escrit por voir de lor science,
D'enfant avoir z de lor enfanter,
4 De lor secrès tot i est devisé.
Trover poès totes les aventures;
Cerchies sunt les meillors escriptures
De Costentin z del bon Galien;
8 Diacorides cel i mist de son sen;
Sa part i mist li sages Ypocras

---

mulierum... » L'ouvrage est donné, d'après le prologue, comme traduit du grec. *Cleopatra* est probablement ici un nom imaginaire, car le même ouvrage se trouve ailleurs (par ex. Trinity Coll. R. 14.30, fol. 211) sous un tout autre nom. En tout cas ce n'est pas l'original de notre poème français.

1. On lit dans les éditions (par ex. *Medici antiqui omnes*, Venise, 1547, fol. 71) :

Quapropter ego miseranda illarum calamitate, presertim cujusdam matronæ instigatione compulsa, incepi diligentius contemplari de ægritudinibus quibus femininus sexus sæpissime molestatur.

Et une dame que out non Cleopatras.
Certeinement eles i troverent
12 Dont li max vient z coment en garront.
Por ce que femmes nen ont tant de chalor
Que eles puissent degaster lor humors,
Por ce remainent les humors en lor cors;
16 Pur la froidure nel poent geter hors.
Li home suent z tra[va]illent fortment,
Por ce s'espurgent, n'ont enfermeté tant.
Par nature vont homes a femmes conseiller,
20 Espurgement lor donent por aider :
Doné lor a un grant espurgement, (v°)
Dames l'apellent fleur par engendrement.
Ne poent conceivre par nul engignement
24 Femme nesune sans fleur apparisant.
Arbres ne porte c' il ne florist avant :
Primes florist, a tous est conoissant,
Herbe ne porte ne grein ne semence
28 Se ains ne floris[t], de ce n'est pas dotance.
Selunc nature arbres ne porte fruit
S'il ne florist; ice conoissent tuit.
Por ce ai jo amené ces semblances
32 Ke femmes ont en fleurs grant conoissances.
A femme vient teu purgations
Si come a home vienent pollutions.
Pollutions avienent z tex flors
36 Quant habondance i a grant des humors;
Naturelement vient itel purgemens
Quant la femme a ou treise ou quatorse anz,
A la fiez, ou plus tart ou ançois,
40 Estre ne poent pas totes d'une lois :
L'une est froide, l'autre est plus chaude, (f. 215)
Ceste est humble, cele est plus baude...

L'auteur cite Galien, mais d'après *Trotula*, ainsi dans ces vers :

En un suen livre reconte Galiens (f. 216 v°)
Que jadis fist as escolers grant biens,

---

11 Corr. *troveront*. — 21. Le sujet de *doné* doit être *nature*; mais alors les deux vers précédents, dont le premier est trop long, doivent être corrompus. — 22 *Engendrement* n'a pas de sens ici. Il y a peut-être lieu d'intervertir ce mot avec *engignement* du vers suivant.

> De une que out perdu ses flors
> Par quatre mois, estre poet par plusors,
> Mult devint magre z perdoit le manger
> De nule rien n'avoit el desirrier. (f. 217)
> Par quatre jor[s] la comande a seignier...

Il cite Dioscoride (fol. 225), Oribase (*ibid.*), Hippocrate (f. 236), Constantin (f. 231). Tout cela est pris de *Trotula*, comme aussi le passage suivant où il est fait mention, peut-être par suite d'une erreur de texte, d'une reine de France.

> Uns mires de Lions faet un autre mecine (f. 220 v°)
> A cele que de France estoit clamée roïne[1] :
> Preng gingebre z savine z foilles de lorier,
> Titruiles[2] tot ensemble en un morter,
> Sor les carbones mist ceste medicine
> Sor la sele patie[3] fist s[e]oir la roïne
> Ensi qu'en la nassance la fumée venist.
> Bien fu de dras coverte, mult longement i sit.
> Dame que tel mecine vodra fere sovent
> Doit oindre sa nassance de ole rose devant...

On a remarqué que l'auteur associe en rime *en* et *an*, ce qui serait bien insolite de la part d'un écrivain anglais. J'incline à croire que le poème a été composé en France.

9. Le poème qui vient ensuite n'a que 172 vers. Ce sont encore des recettes pour les femmes. Toutefois, comme les vers sont de 8 syllabes et non plus de 10, je ne crois pas que ce soit, à proprement parler, la continuation du poème précédent.

Por tecches en le vis (fol. 234).

Laquele que soit, dame ou pucele,	Femme ne sai en nul païs,
Ki desire avoir la face bele,	4 Por quei que ele ait teches en son vis,

---

1. On lit en effet dans un texte de *Trotula* (Trin. Coll. R. 14. 30) : « Quidam medicus fecit regine Francie : accipe folia laure, savinam tere simul... » (fol. 189 v°). Mais il y a dans le ms. lat. 7056 (fol. 78 a) : « Quidam medicus fecit hoc *in regione* Francie... »
2. Corr. *triulez* ou *triblez*.
3. Sic. corr. *percie*.

Que forment ne li mesaviene,
Por quele chose ki avigne.
Si tecches a ki al vis apiere,
8 Si face prendre gome d'eere
Et fiel de tor triblé ensemble;
Le leu doit froter, com il me semble,
Totes les tecches doit froter
12 Et tot le vis mult bien laver;
Et en après, par dreiture
Doit avoir autre laveüre :
Foïr doit on a une besche
16 La racine de la lovasche;

Laver le deit z fere net
Et quire en .j. bel possonet
Ki soit de gaste del jor grant masse,
20 Tant que cele ewe soit grasse ;
De cele grasse soit doldée (*sic*)
Et del plus clier abevrée.

Por faire clier vis (v°)

En le mois de mai, el tens novel,
24 Prenez le pain del cucuel ;
Lavez le bien et fetes net,
Si le parez a un coutelet.

Ce petit poème se termine ainsi :

Por jaune[s] cheveus avoir [1] (f. 237).

Un bon conseil dirai a ceus
Ki desirent avoir jaune[s] cheveus :
Les trous de choles facent prendre
Secchir z arder puis en cendre ;
De ce face om bone leissive,
Et de ewe de fontaine vive,
Prendre la flor de la genest ;

Garder le poez si vous plaist,
L'an outre en outre tot plenier,
Ki bonement le veut seccher
En la leissive le quisez ;
Eins que vostre chief moillez
Laver le poés par raison
O mult très petit de savon.

10. Traduction en prose de la *Chirurgie* de Roger de Parme. — Cette traduction est fort différente de celle que nous avons rencontrée plus haut (art. 1). Elle me paraît inférieure, et de plus le texte en est assez souvent altéré. Elle est accompagnée de nombreux dessins, fort élégamment exécutés, qui représentent les diverses opérations décrites. Ces illustrations occupent la marge inférieure des pages.

De tote manere de plaies ke avenent al chef (f. 238).

A feiz avent que li chef est plaié en plusurs maneirs. Auchune feiz od la despesceür[e] del test, auchune feiz sanz despesceür[e] del test. Od la despesceür[e] del test est quant la plaie est achune fie grande et aperte [2],

---

1. On possède beaucoup de recettes pour blondir les cheveux : j'en ai publié une toute différente dans mes *Rapports*, p. 107, d'après un ms. d'Édimbourg. Il y en a plusieurs dans Trotula, *Medici antiqui* (Venise, 1547, fol. 79 v°).

2. Le traducteur n'a pas bien compris le texte (ci-dessus, p. 79).

achune feiz petite. Meis quant[1] la plaie petite u grande, l'une est od graunde e large plaie; e l'autre est od petite estroite plaie. La despeceüre del test, quaunt ele aveint od la blesceüre des toies del cervel, est tut dis a criendre, kar alchune feiz est blescé la toie que defent le cervel est[2] del test, que est apelé la dure meire, auchune feiz la toie que est sur le cervel, que est apelé la pie mere. Si la dure mere est blescé, ceo est la toie que defent le cervel del test, par ces signes le devez saver : la teste del plaié li doit duler, la face li doit roger, la veine des oiz li deit reesver, e la langue li doit nercir. En après, quaunt la pie mere est blescé, ceo est la toie que est sur le cervel, par ces signes le devez cunustre : li naffré ruvera, e sa voiz (v°) li esgrevera, que a peines parler pura; blorbetes[3] li survendrunt en la face. E al commencement li doit core hors des orreales e des narrilles sanc e pureture, e si deit estre costivé ; e pus en fuit[4], ceo que pis est, que la plaie doit trembler troi feiz u quarte (sic) le jor. Car ceo est certein signe de mort. En après de trestuz icels desquels ces signes que dit avum avendrunt, u si des autres signes plus i avenunt, deveit la mort de cels attendre al plus jesque a cent jors[5]. E pur ceo que de la despeceür[e] del test auchune feiz en aveint la mort, dirrum avant par ordre coment hom poeet aideir a la despesceüre del test.

De la depesceüre del tès.

Quant la despesc[e]üre del test est grande e aperte, si cum d'espee u de achune arme, issi que os u autre chose i deve estre fors treit, si mult sanc nel desturbe, u os u altre chose que deit estre trait hors, tut meintenant le traiz hors, e un drap de lin mult delié entre le test e la dure mere cointement en escleng metez dedenz, e dedenz le pertuz de la depesceüre del test metez un drap de lin u de soie u de alchune que mult mels vaut[6], issi que le ches del drap (fol. 239) de totes pars desuz le test seint mis proveablement, que la poreture que decurt des parties dehors ne decurge a la teie que dure meire est apelé, e ensi blesce le cervel plus que ainz blescé ne fud. Del espunge de la meir ben lavé e sechié poot hom meimes ceo faire, car ele, si com la cose que mut beit, receit la pureture que cheit de parties dehors.

Por empleir la plaie.

Tote la plaie seit emplie de peices linges u d'estupes que seint mis en albun d'oef, e de une plume seint sur mis. E por la diverseté de la partie del chef cointement seit mis desure. E en iver soit la plaie dous feiz remuée e en esté troiz foiz, char en esté naist plus tost pureture en la plaie que en iver.

---

1. Il faut probablement suppléer ici [que soit]. — 2. est doit être supprimé. — 3. « Pustulæ ». — 4. Sic, corr. suit. — 5. Traduction détestable. — 6. Il y a simplement, dans les textes imprimés : « pannus de lino vel de serico, quod longe est melius. »

Loez le naffré.

Si devez loer al naffré que il gise de cele part dunt se doit, que les homurs (*sic*) que decurrent a la tei[e] que dure mere est apelé ne la blescent. E ceste cure deit home faire jesque al plener reparraillement del test.

Por morte char.

Si il avient que devant le reparrailement del test auchune maleveise (*sic*) char e mort surcresse la teie que dure mere est apellé, l'esponge de la mer mie ben (*v°*) lavée, mès ben sechié metez desure, que par sa sause mangusce la morte [char]. E tant metez la desure que tote la maufaisse[1] char seit amortie.

Por morte char.

Après, si aveint que après le parraillement del test malvaise char surcresse le teste reparrallié, si metez seurement la pudre des hermodacles. Si devetz garir la plaie dehors od sul drap linge u od cotun queres(?) u drap linge, que est apelé charpie.

Cette traduction est beaucoup plus complète que la précédente, mais elle présente une interversion singulière, qui peut être attribuée au copiste, mais qui peut aussi avoir été causée par le texte latin que le traducteur avait sous les yeux. Au fol. 251 v° nous trouvons le prologue du second livre (« Nul ne me doit blamer de parole lunge quant mutes paroles brevement dites plus tornent a nunsaver que a profit.... [2] ») Puis vient le premier chapitre du second livre. Mais le deuxième chapitre est bizarrement mêlé au ch. XXIII du premier livre.

(Fol. 252 v°) *De plaie en le atherel.* Si la plaie vient al haterel d'espée u de auchune tele arme semblable, que la veine soit taillie que en apele organale, issi la devez aidier : cosez tute la veine od une aguille, issi que la veine ne soit percie, e del autre part metez l'aguille od un fil, que le fil s'aerde a la veine, e od cel fil bien la sacez e strainiez que sanc n'en issie. Si n'emplez pas pas la plaie de drap ; e si ceo est en (*fol.* 253) iver, si metez embroche sur issi faire. (*Ce qui suit appartient au ch. XXIII du livre I.*) E si mult char i ad, liez les paupires desure, qu'il seunt desure prient[3]. E s'il n'i ad mult char, esrachiez les peilez e frotez les paupiers des devant dites foilles, tant qu'il seignent, et alez avant en la cure si cum devant dit est. A cel memes pernez les jus de

---

1. Cet emploi d'*f* pour *v* n'est pas sans exemple dans les manuscrits français exécutés en Angleterre ; voir l'*Hist. de Guillaume le Maréchal*, p. CXXXIX.
2. Ce qui précède est bien la fin (ch. XLIV) du premier livre.
3. « ..... palpebra vero ita semper ligetur ut superius comprimatur ».

chic[v]refoil et les cimes del buissum e del aloisne e medlez od aubun d'oef et od eve rosat, e faites come emplastre, e metez desure [*Ch. XXIV*]. Si li oil lerment e rogissent les peilz estre nature n'i soient pas [es] paupiers, tailliez les veines qui sunt el frunt e es temples.....

La suite du chap. II du livre II se retrouve plus loin, après la transposition que je viens de signaler, au fol. 264. Le troisième livre commence, sans le prologue, au fol. 273 v°; le quatrième au fol. 291. La version se termine ainsi, avec le dernier chapitre du livre IV (*De spasmo*) :

(Fol. 296 v°) *Por crampe ki avent.* A crappe (*sic*) qui aveint en la plaie puet um saner en ceste maneire. Unnez de cel oignement que si doit estre fait : pernez oile muscelin une unce, petteroile (*petrolei*) unce une e demi, d'oile decomun e de bure de mai, uelement, dragmes .iiij...... (*fol.* 297). Icest oingnement vault mult e[n] checune gute crampe qui vient de replecion.

Mais nous trouvons ensuite deux petits paragraphes fort corrompus qui manquent dans les textes latins imprimés (fol. 298) :

Por la maladie que est apelé malum mortuum [1].

Ceste maladie malum mortuum est apelé commynement, si il vient de malancolie, e naist as dereines parties del cors; dunt ce ssunt les signes : il a lee cruste e dure e sante moisture e od grature, e ceo doit estre la cure : E[s] purgier(?) la matire quinze jurs d'oximel, e sil porgiez puis od beneite medlé od yeralogodion [2] agusie de ellebrentire e le teirz jor après estuiez les jambes od herbes boillies en vin fort, e puis oignez le malade de neir oignement e de oignement qui soit a sause flegme [3] medlé ensemble e aguissez de lebre (?) e par sis jors checum jor dous foiz.

Del limaẑun

Pernez limazun, triblez en fort vin u quisez en lascive, et pernez la gresse qui soit noee e oignez les jambes; pernez le test de grand nois e metez en pudre od fulugine e od crote de cheifre [4] e destemprez od saim dois [5]; pernez

---

1. *Malum mortuum* est interprété par les Bénédictins, continuateurs de Du Cange, de la façon suivante : « Morbi genus pedum et tibiarum; gall. *mauxmorẑ* », ce qui est bien vague. En réalité c'est la gangrène; cf. ce passage de la *Maniere de langage* (p. 401 de mon édition) : « Ore regardez « comment ma jambe en est tout enflée. J'en ai grant cremeur qu'il devendra « un mormal, car il puyt vilaynement que un fumers pourriz tout plain de « fiens, caroinge et merde et de tous autres ordures et choses puans ». Cf. Godefroy et le gloss. de la *Chirurgie* de Mondeville, MORTMAL.
2. Confection inventée par Logadius (Dorvault, *L'Antidotaire Nicolas*, p. 35).
3. Voir le gloss. de Mondeville, FLEUGME SAUSSE.
4. Pour *chevre*; cf. p. 93, note 1.
5. Sic, pour *dous*.

la terce suriz e le sel bruilli e destemprez od le jus de (v°) la parele, e puis triblant e en pestelant mellez od mel oint de porc, e faites enplastre e eschaufez sur une teule al fu, e metez sur le mal al plus chaut que li malade le poce suffrir.

Le reste de la page est blanc. Au fol. suivant commence le texte latin de la chirurgie de Roger : *Post mundi fabricam*. La copie s'arrête au ch. XVIII du l. III.

11. *Traité de la confession*. — Ce traité est-il traduit du latin ou a-t-il été composé originairement en français, je ne saurais le dire : toujours est-il que j'en connais deux copies, comme celle-ci exécutées en Angleterre : OXFORD, S. John's Coll. 75 fol. 86 c. PARIS, Bibl. nat. fr. 19525, fol. 82 v°.

Il n'est guère douteux qu'il en existe beaucoup d'autres.

(*Fol.* 323) Qui vodra bel e beaus vestu apparer devant la face Jhesu, il covent qu'il ait une robe qui a non confession. Qui bien ceste robe use, ja n'avera garde del felon. Au comencement deit l'en prendre garde qu'ele seit bien taillée, que ren n'eie que reprendre Ore dunc issi devom comencer. Quanque remort la concience devom regeïr umblement purement e leaument. Umblement par doçur de quor, purement par confession de buche, leaument par satisfaction de overaine...

L'ordre suivi pour l'examen de conscience est le suivant : les dix commandements, puis les sept péchés capitaux. Suivent des préceptes sur la manière de se confesser. Ce traité, qui occupe six feuillets, est incomplet de la fin. En voici les dernières lignes :

(*Fol.* 328 v°) Issi est li pecheor mut joyus e hetié e loe son creator nuit e jor. Ici pert il tote icele malveise savur qu'il avant aveit del ord delit de son pecché ; si entre en grant duçor que vient de la misericorde e de la grace Deu, dunt dit li prophete : « Guster e veez com suef e duz est li Sire. Cil est benuré qui met sa esperance en li[1] ». Pur ceo vus, qu'estes de pecché seinz devenuz, dutet Deu, quar il n'averont ja defaute de bien que li aiment et dutent : ceo sunt le deus gardeins que Deu ad mis pur garder ses......

(*Le reste manque*).

12.5. TRAITÉ DE GÉOMANCIE. — TRAITÉS MÉDICAUX.

Ce recueil d'ouvrages variés est écrit tout entier en cursive anglaise du XIVe siècle. Au fol. 42 v° il y a une table des

---

1. Ps. XXXIII, 8.

éclipses de 1330 à 1386. Le manuscrit a sûrement été écrit entre ces deux dates. Je n'oserais l'attribuer à l'année 1330 : l'écriture ne me paraît pas si ancienne.

Je n'énumérerai par les divers traités latins, concernant le comput, l'astronomie, la théologie, que renferme ce volume : on en trouvera l'indication détaillée dans le troisième tome du catalogue de M. James. Je m'en tiendrai aux écrits français. Je suis, dans les citations, l'ancienne pagination, qui est par pages, non par feuillets.

1. *Traité de géomancie*. — Ce traité, intitulé « L'art de calculacione » est très probablement traduit du latin. Il y a quelques années, en faisant connaître un poème provençal, jusque là inconnu, relatif à la géomancie, je signalai un assez grand nombre d'ouvrages relatifs à cet art [1]. De ces ouvrages, plusieurs, à la vérité, ne m'étaient connus que par d'anciens catalogues. Depuis la publication du mémoire précité, j'ai eu occasion de prendre note de quelques traités de géomancie, en latin et en français [2], mais je n'ai rencontré ni un second exemplaire ni l'original de l'opuscule dont je vais transcrire le début. Il ne faut pas désespérer. L'étude des divers arts de divination n'a rien de bien attrayant et l'on ne s'étonne pas que le sujet ait été jusqu'ici peu exploré.

L'art de calculacione.

(P. 65) Cest art est appele iiij^{or} fabrica [3], et en autre manere la file de astronomie [4], et en autre manere science de garvel [5], solom ceo que jeo vous dirray. Pour ce que le grantz mestres que cest art fierunt, de la profunde astronomie trahierunt quant que voleynt estre certefié des choses que fuit [6], dount que jettereyns [7] lur questions en nette gravel, solom ceo que jeo vous dirray après. Ore vous voyl monstre[r] brevement coment vous devet

---

1. *Romania*, XXVI, 246 et suiv.

2. *Ibid.*, 478.

3. Plutôt *fabrice*. Cette dénomination doit venir des quatre figures formées avec les lignes de points jetés au hasard ; voy. le début du traité d'Hugo Satiliensis, *Romania*, XXVI, 248 et la note de la p. 267.

4. La géomancie est toujours considérée comme fondée sur l'astronomie. Voir le poème provençal, v. 7,8 (*Rom.*, XXVI, 266).

5. Corr. *gravel*.

6. Corr. *sunt*.

7. Corr. *Donques jetterent* ?

demaunder. A comencement vous devet prier Deu toust pusant que il vous certefie de choses que vous voylés saver, que la temps seyt clere et que la lune seyt en bone signe de firmament, et noun pace[1] de malveyns[2], et nomyment ou Scorpion, kar cest signe est figure o signe de fausté, et que vous demaundet choses avenauns que sunt a demaunder et dount vous est en doute, et le queor est anginee[3]; et si averés vostre pourpos. Pus pernez nette sablun et perpiterez[4] sur un table playne, et[5] pernez parchemyn et enke et jettez 4 ordnres[6] dez poyntz par lui, cum si vous verrez, et serrunt 16 linez e... et que checun de 4 ordnres content 4 linez; pus joynés ij poyntz tut joynez o un chif de le lines, quar, si seyt par[7], vous lierez ij poyntz de sieute, et si noun par un poynte, e si averez 4 figures que sunt appeleez mere, cum vous veyez issi.

Suivent des figures que je ne juge pas utile de reproduire. L'ouvrage se termine ainsi, p. 80 :

En questione de amur ou de heritage est mené. Celi que est en prisone tost issera, malades serra tost garra. L'an serra secche, vent serra grant et defaute de fruit et de semence. Nequedent que avera plus de un fruyte que de un aultre, d'estature de cors que il sera longe. Le col e[r]t blaunche, grosse teste, larges espaulez rounde face, petit

(*Le reste de la page est blanc.*)

2. *Recettes médicales en vers*. — Ce recueil se compose d'environ vingt-quatre recettes. Le versificateur était Anglais et savait mal le français. Il emploie *oier*, à l'infinitif, pour *oïr*, v. 27 ; il fait rimer *angoile* (anguille) avec *serfoile* (cerfeuil), v. 29. Le texte est d'ailleurs fort corrompu, et, en maint cas, je serais incapable de le corriger. Les traités de ce genre ne peuvent être utilement étudiés que par des personnes ayant sur l'histoire de la thérapeutique du moyen âge des connaissances spéciales qui me manquent. Ces textes abondent en termes botaniques que Godefroy n'a pas relevés ou qu'il a traduits avec la plus grande légèreté. Il est d'autant plus nécessaire de les signaler à l'attention des personnes compétentes. Mon ambition ne va pas au delà.

---

1. Pour *pas*. — 2. Corr. *en malveys*. — 3. Faut-il corriger *anguissié*? — 4. Précipiterez? — 5. Corr. *ou* ? Les figures pouvaient être tracées avec le doigt sur du sable fin ou à la plume, sur une feuille de parchemin. — 6. C.-à-d. *ordres*. — 7. Nombre pair.

Checun sage e saine[1] (p. 172)
Se dut garder de maladie
Atende voluntiers a mei,
4 E bone saunté li aseygnerei,
Les queus herbes e especerie
Sount bones de norer[2] la vie
De eins la cors e par dehors.
8 Atendez a moy, jeo dirra[3] lors.

Contra [dolorem] capitis.

Sy tun chef est trop doylaunt,
Penez a tut meintenaunt
Puliol quit en eisil
12 E metez l'emplastre a vertil;
Aloyne e foile de lorer
Metez auci, jeo vous requerre,
En tens vient quidé(?)
16 Vus senterez vus mesmes amendé;
Mè[s] egremoine ne oble mie,
A la teste fest grant aye.

Contra dolorem oculorum.

Si vos eus sunt grevez,
20 Cerfolie meintenant metez,
Al aubun des oufs medelez bien,
E ceo vus vaudra sur tute rien.
E si vós oes lermunt trop,
24 Metez a eus legustrop;
Sentorie ne obliez pas,
Kar a eus fet grant solas.

Contra auditum.

Si vus ne poez pas bien oier
28 Pernez la grece de un sengler,
Medlet la grece de gros angoile[4],
E ne oblet pas la serfoile;
Pimpernele est mult fin,
32 A surdis tut jurs est enclin.

Voici la dernière de ces recettes (p. 174) :

Contra podagram.

Si la podagre auci avet,
Grece de baleyne medlet
A la herbe que ad noun herbive,
Kar cele tue la gute vive.
Grece de bausan e de gopil
Medlet auci su de cheveril,

Camamille e morele;
Auci pernet la parele.
Chaunfe(?), sareie e enrinencin(?)
A cuer potagre sunt enclin.
Medlet les avant nomez ensemble,
A la potagre toudront la tremble.

3. *Des pronostics de la mort.* — Traité attribué à Hippocrate. Le prologue nous apprend que ce livre aurait été trouvé dans le tombeau d'Hippocrate. Je suppose que c'est la traduction d'un opuscule ainsi intitulé dans un ms. de Balliol College[1], à

---

1. Lire *en sa vie*, pour rimer avec *maladie*. — 2. *norer* pour *norrir*? mais le sens? — 3. Corrompu. — 4. Nous avons vu plus haut (p. 78), la graisse d'anguille employée pour la surdité.

1. N° 285 du Catalogue de Coxe.

Oxford : *Liber prescientie Hippocratis qui inventus est in sepulchro ejus in piccide eburnea.* Autres copies, avec un titre différent (*Secreta Ypocratis*) dans le ms. Ashmole 1471, fol. 184 (Bodléienne), et à Trinity, O. 2,21, fol. 138.

(P. 196) Ypocras le tresauge mire, z que sour tutez altres sout la nature de humeyne corps, z cum il vist que il deust morer, comanda que l'en prist cest livre ou estoit escrit la nature de tut le cors et secretz, z que l'en le mist a son chif en sepulcre ou il gist. Un jour passa Augustus Cesar par devant la sepulcre, quida que la gist grant tresour, si commanda que l'en l'overist ; z trova longues (*corr.* l'en ?) ceste livere a son chef, z fu aporté a l'emperour. Li emperour comandast son mire que il gardast dedeynz ; list ly mire, si trova au comensement : Si li malade ad dolur ou emflure en la face, z s'il ... [1] soure son neez, a le xx z tressime jour morra...

Ce traité, que je n'ai examiné que superficiellement, n'ayant pas à portée les éléments de comparaison nécessaires, se termine ainsi :

(P. 218) *Pur enmegrer ceus que sunt trout crasse.* Pernez fenoil, si bevez en ewe longement, z çoe fet les hommes z femmes enmegrer. *Autre.* Fetz pain de pure sigle ; si le fetez lever par IX jours, z a dissime jour fetz le quire al forn, z quant vous trerrez hors, depecchez menuement en un pot de pur vyn plein ; si coverez au meuz que porrez en tere par IX jours ensinez (?), z pus, cum vus volez doner a acun, pernez une poy de nugage (?) z donez luy a beiveré quant devra dormir, sil [2] devendra megre asset, *etc.*

Explicit liber Ypocratis philosophi et medici sapientissimi de diversis medicinis maxime corporibus humanis proficientibus.

4. *Recettes en vers.* — De la page 220 à la page 246 est écrit un poème d'environ 1800 vers, qui m'a paru n'être autre chose qu'une collection de recettes médicales. Le même poème se retrouve dans le ms. Bodley 761 de la Bodléienne à Oxford (fol. 21-27). Mais les différences entre les deux textes sont considérables. D'abord le texte de la Bodléienne ne contient guère que 780 vers ; puis, pour les parties qui existent dans les deux manuscrits, les variantes m'ont paru nombreuses. J'ai copié les 32 premiers vers et les huit derniers vers du ms. de Trinity. Mais, dans les extraits que je possède du ms. de la

---

1. Ms. *sgz* avec un signe d'abréviation sur l's. — 2. Corr. *si* ou *cil*.

Bodléienne, je n'ai retrouvé que les vingt premiers. J'en donne les variantes. La leçon du ms. Bodley est précédée de cette rubrique : *Ici comence la novele cirurgerie en franceis par rime*. Et de même, à la fin, on lit : *Explicit nova cirurgia in gallico*. Cependant il ne m'a pas paru que l'ouvrage, simple recueil de recettes, ait trait à la chirurgie.

(P. 220) *Pur dolur de la teste.*

Quant le corps est en langur,
Quant le chi[e]f susprent dolur,
Pur veir donk fra que sage
4 Ky se garde de ceste rage.
La morele et la chinellé,
La gloteniere que foile ad lé,
Lovache et aune ensement
8 Boillé seint communement
En siu de moton ou en bure ;
Pur veir bone est ceste cure.
Quant serunt quit [si] serrunt curt :
12 Par my un drap espès et fort
Templus et front en oyndras ;
Pur veir sachez que garras.

Autre medecine bone.

La oyle prendras de la rose,
16 Car mut est durment bone chose,
Eisil et le jus de ere ;

Un oignement en devez fere ;
De tut treis ensemble joint
20 Serrunt le templus enoint.

Autre medecine trebone.

Kant la teste doudera
La mente lavée triblera ;
Les temples en oindra[s] de le jus
24 Dou[s] f[e]iz ou trois od quatre ou [plus.

Pur vertin de le chif.

En fisike trovom escrit
Que puliol en eisil quit
En la fumée pus receue
28 Par le narils, quant ert issue
Del vessel ou fu quit,
Pur vertin est bone elit.
Pus cele puliol prendez,
32 Entour la teste un plastre ferez.
. . . .

Ce recueil de recettes se termine ainsi, à la page 246 :

Pur verues remuer.

Verues assises al cors de home
. . . .

Autre cure.

Soufre e peiz ensemble boilez
E semence de eble bien triblez,

Tut ensemble aünez,
E pus le verues en oignez.

Autre cure

La egremoyne seit bien batue,
Pus lié sur le char nue ;
Cet remue verament
Le verues hastivement.

---

5 Bodl. *Pernez marouil et chenille*. La *chenilée* (manque dans Godefroy), du lat. caniculata, est la jusquiame ; voir P. Dorvault, *L'Antidotaire Nicolas*, p. XIV. — 6 Bodl. *gletonere*. C'est la bardane cotonneuse, *gloutognier* en Normandie (Joret, *Flore pop*., p. 114). — 7 Bodl. *L. et camomille*. — 11 Mieux Bodl. *tort*. — 19-20 Bodl. *De trestut ensemble soit enoint | Bien les temples et le frunt*.

5. *Sur les maladies des femmes.* — Le reste du feuillet et une grande partie du feuillet suivant sont occupés par un poème d'environ 170 vers sur les maladies des femmes qui paraît distinct de ce qui précède. En voici le début, qui est fort corrompu :

Si com Aristotele nous dit
En Alisaundre en son escrit,
N'est pas reison ne afaitement
Que sues sount a tote gent
Le[s] maladies que aveinunt
En langor le cors teinunt [1].
A homme icel[es] n'ont overe
Ke femme cele, tant est covere
Ke envis unkes a nul home
Le voil mustrer, çoe [est] la sume.
Pur ceo aprenne medecine

E a dame z a meschine
Par quei puse privement
Sei eider sanz afient.

Des flours de femmes.

Escrit est que par atele reson
Com vint al mal polucion,
Tot est (*lire* en ?) meme la manere
Avent icest mal a la mulier.
Çoe vint par habundance des humours ;
Si l'apele feme cez flours...

Ces derniers vers rappellent évidemment le traité de Trotula dont nous avons rencontré plus haut une version rimée.

6. *Pronostics tirés du mois de la naissance.* — Ce court morceau se termine par un explicit ainsi conçu : *Explicit distinctio humane originis facta per menses et per dies.* J'en ai signalé jadis (*Romania*, XV, 331) un autre texte dans le ms. Gg 1.1 de la Bibliothèque de l'Université de Cambridge.

Issi poyt home veyr saunz doutance   (p. 426)
Le[s] proprietez de home par sa neysaunce [2].

Vous que lirrez lez chosez saunz [3], ne emmerveylez mye cum il fussent inpossibles, kar si il ne seyt pas partout si cum il enseigunt [4], ceo est pur la diverseté de conplexion et non pas pur la defaute de art.

Jenver. Enfant né en le moyns [5] de jenver amiable, coveytos, voluntrifs z irrous z de male creaunce serra...

---

1. Il semble que l'auteur se réfère au *Secretum secretorum*, qu'on attribuait à Aristote. Je n'ai pas trouvé le passage auquel il est fait allusion.
2. Nous avons ici une rubrique en vers, selon un usage fréquent dans les ouvrages français composés en Angleterre. Mais le second vers est trop long.
3. Céans.
4. Mieux, dans le ms. de l'Univ., *l'art enseigne*.
5. Ou *moyus*. Il faut lire *moys*.

O.2.14. — La passion, en vers. — Le Roman des romans. — Sermons français. — La dédicace des églises.

Ms. en parchemin, ayant à peu près le format d'un ancien in-4° (0,220 sur 0,155); 119 ff. Le premier cahier, écrit au xve siècle, contient une copie incomplète du *Secretum Secretorum*. Le reste paraît dater du commencement, ou pour ne pas trop préciser, de la première moitié du xiiie siècle. L'écriture est celle qu'on appelle en Angleterre « normande », par opposition à l'écriture cursive proprement anglaise (*court hand*). Mais il n'y a pas de doute que l'écrivain était Anglais. Les pages sont à deux colonnes et à trente-trois lignes par colonne.

J'ai transcrit cette partie du manuscrit presqu'en entier en 1871 et 1874. G. Paris, qui se trouvait avec moi à Cambridge en 1874, m'a aidé dans cette tâche. Mais je m'exagérais peut-être alors l'importance des copies que nous avons transcrites. Il suffira d'en donner quelques brefs extraits.

1. *La Passion.* — Je ne puis m'imaginer par suite de quel accident le copiste a écrit en tête *Sermones Mauritii parisiensis episcopi*. L'ouvrage par lequel commence le manuscrit[1] est un poème sur la passion du Christ dont j'ai énuméré jadis[2] de nombreuses copies, et dont j'ai publié en diverses occasions plusieurs extraits d'après des manuscrits différents[3]. J'ai montré que les variantes étaient considérables et qu'en beaucoup de manuscrits un poème sur la descente aux enfers était joint au récit de la Passion. Il n'en est pas de même ici. La descente aux enfers et les apparitions de Jésus à ses disciples, jusqu'à l'Ascension n'occupent que quelques vers. Entre les rédactions que j'ai fait connaître en mes précédentes notices,

---

1. Je ne tiens pas compte du premier cahier qui n'a rien de commun avec le ms. français relié à la suite.
2. *Romania*, XVI, 47.
3. *Romania*, XVI, 48 (ms. de l'Arsenal 5201); *ibid.* 227 (ms. de Grenoble); *ibid.* 244 (Musée brit. Add. 15606); XXV, 551 (Ms. du Fitzwilliam Museum, à Cambridge).

celle qui se rapproche le plus de la nôtre est celle de l'Arsenal (*Romania*, XVI, 48). C'est, à mon avis, la rédaction primitive. Je me borne à transcrire ici les premiers vers, sans donner de variantes, ni proposer de corrections. On trouvera facilement le moyen de remédier aux incorrections du texte en se reportant aux extraits publiés d'après d'autres manuscrits.

Sermones Mauritii parisiensis episcopi (f. 13).

    Or escutez mult ducement,
    Gardez qu'il n'ait parlement.
    La passion Deu entendez,
4 Cument il fu pur nus penez.
    Ne la poet oïr creature
    Qu'il n'ait pitié, ja tant n'iert dure
    Pur ceo qu'il ait puint d'entende-
                  [ment
8 Al rei del ciel omnipotent.
    La lettrure vus oïstes
    Que recunterent les ewangelistes,
    Meis ne seüstes que amunta.
12 Si bien cum ci orrez ja.
    La feste as Juels aprismout,
    Ceo dit li livres mot a mot,
    Ke Pasche esteit appelez,
16 Sor tote rien esteit gardez.
    Meis li prince de cele lei
    Ki nen ourent cure de bon rei,
    E li proveire e li meistre
20 Quereient a destre e a senestre
    Cument Jesum peüssent prendre
    E par boisdie en la croiz pendre.
    Chés Caïphas sont assemblé,
24 Evesques fu de la cité.
    Iluec unt lor conseil tenu;
    La parole fu de Jhesu
    Cum faitement le traieraient,
28 Sanz la gent qu'il mult doteient;
    E dient tot priveement :
    « Laissom aler tote la gent
    « Qui sunt venu a ceste feste,
32 « Que trop grant noise n'i sait
              [fete ».

    Siz jors ains que Pasche fu
    En Bethanie esteit Jehesu,
    La ou par grant pieté plura
36 Quant Lazarum resuscita,
    En l'ostel Simun leprus,
    Iceo sachez n'est pas suls :
    Des disciples i out asez;
40 Judas n'i fu pas ubliez.
    . . . .
    . . . .
    Si cum li treis jurz sont venuz
                  (f. 24 *b*)
1512 Quant Deu plout, s'en est issuz;
    Mès pur nient se penerent issi,
    Kar, quant Deu voleit, s'en issi.
    Issuz s'en est si cum il voleit :
1516 En enfern alat tot dreit.
    De enfern brisa les sereüre[s]
    E rumpi tutes les clostures;
    Fors en getta la compaignie
1520 Que del diable esteit ravie.
    Il la conduist a son chier piere (*c*)
    En sa gloire la ou il ere.
    A ses apostres s'aparut;
1524 Quarante jorz iluecques fut.
    Mustra lur la novele lei,
    Puis les beissa chascun par sei.
    Issi nus puisset il salver
1528 E noz almes de peines delivrer
    Cum il pur nus suffri la mort
    E fist a nus grant confort.
                  Amen.

2. *Le Roman des romans.* — Je me proposais d'étudier ce beau poème à propos du ms. de Trinity. L'étendue déjà considérable du présent mémoire m'oblige de remettre à plus tard cette étude. Je me bornerai à en énumérer les copies. Nous possédons, du *Roman des romans,* outre le ms. de Trinity, quatre manuscrits dont l'un est un simple fragment.

>LONDRES, Musée brit., Old. royal 20. B. XIV, fol. 96.
>OXFORD, Bodléienne, fonds Douce, 210, fol. 35 [1].
>PARIS, Bibl. nat. fr. 19525, fol. 145 [2].
>— — 25407, fol. 139.

Voici les premiers et les derniers quatrains, qui sont, dans le ms. de Trinity, au nombre de 257 :

> 1 Ici comence li Romanz des romanz; (f. 24 c)
>   Mult deit boens estre, kar li nons est granz,
>   E profitables e forment delitanz
>   E as oreilles e as quers des oianz.
>
> 2 Jeo nel comence par nule presumpcie,
>   Ne pur fiance de ma bone clergie,
>   Car petit sai e sui de fole vie,
>   E li men sens a ceo ne suffit mie.
>
> 3 Mès jeo sai ben ke nel puis unques doter,
>   Ke cil [ki] fist les langages muer
>   E fist l'asnesse a Balaam parler
>   Poet fole lange a ben dire aturner.
>
> 4 Sainz Esperiz sa grace mi enveit
>   Ki mon dur quer a bien dire apareit,
>   E teles paroles pronuncier mi ottreit
>   Ke li romanz de son non digne seit!

Fin (fol. 32). Les cinq derniers quatrains sont d'une écriture plus fine que ce qui précède, mais, sinon de la même main, du moins à peu près du même temps. Ils manquent dans les autres copies.

> 251 Judas vendi Jhesu Crist vairement,
>   Repenti sai, mès nel fist sagement;
>   Par repentance rendi il cel argent,
>   Mès desespeir lui toli sauvement.

---

1. Fragment, consistant en 17 quatrains, dont j'ai donné le texte entier dans le *Bulletin de la Société des anciens textes,* 1880, p. 69-71.

2. Les trois premiers quatrains et les deux derniers sont rapportés dans la préface (p. VI-VII) du *Besant de Dieu,* édité par E. Martin (Halle, 1869).

252 Car c'il eüst a Dieu merci crié,
   Od bone fei e od simplicité,
   Deus est si plains de grant pieté
   Que il lui eüst sun pecchié pardoné.

253 Ore le prium dunc ententivement,
   Qui descendi pur nostre salvement
   Et de la Virgine volt nestre charnelment,
   Si pout il ben cume reis omnipotent.

254 Quant il nasqui, une estaille aparut
   Desuz la berche, la u li emfes jut.
   Es vus li angeles as pasturs descendu   (f. 32 b)
   Qui lur nuncia la joie que la fu.

255 Icele joie tut le munde repleni;
   Si serrums nus par la grace de li,
   Si verraiment cum il descendi
   Pur pecheürs salver par sa merci.

256 De noz pechez nus face vair pardun,
   Devant la mort vaire confession.
   Issi finist le rumanz al bon nun;
   Mais de ma part le cries [1] d'une oraisun

257 Feit' en rumanz e en altretel guise,
   Car cil frauncs home pur qui joe l'a[i] mise
   Chevaler est e aime sainte Eglise.
   Deus li otreit finir en son servise!

Suivent ces deux vers :

   Si plus i a, joe n'en puis mès,
   A ceste parole je me tès.

3. Le *Bestiaire* de Guillaume le Normand. — J'ai énuméré 19 copies de ce poème dans mes *Notices sur quelques manuscrits français de la Bibliothèque Phillipps* (*Notices et extraits*, XXXIV, première partie, p. 235). Mais cette liste n'est pas complète. J'avais négligé de mentionner le ms. Arsenal 2691

---

[1]. Pour *creis*; le sens est : « Le roman.... finit ici, mais, je l'accrois d'une oraison ». Le poème s'arrêtait donc au quatrain 152, et l'oraison ajoutée est probablement l'œuvre d'un simple scribe.

(fol. 62), qui n'est que du XVe siècle, et le ms. de Trinity, dont je possédais depuis bien des années la description [1].

> Q........ ....[2] (f. 32)
> En toutes overaignes en deit
> Estre loé, qui que il seit.
> Livre de bone començaille
> Ki avra bone definaille
> E bon dit e bone matire
> Velt Guillames en romanz escrire
> De bon latin ou il le trove....

4. Sermon en prose. — Ce sermon, peut-être traduit du latin, se trouve encore dans les mss. Douce 282, fol. 1 (Bodléienne), et B. N. fr. 19525, fol. 153. Il paraît se diviser en plusieurs parties dont la première est la plus longue.

(Fol. 68) *Donavit illi nomen quod est super omne nomen* [PHILIPP. II, 29]. Seint Pol li apostles parole de Nostre Salvur e dit que [3] Deu pere celestre dunat a lui un nun ki est sur tuz altres nuns. Seint Jeronime dit que ceo est icest nun Jhesu. En la reverence de cest nun, ceo dit li apostres, si flechist e plie chescun genoil de celestiens, de terrestriens e des enfernals, li un volentiers, cumme filz e chiers amis, li altre envius, cum serf u felun entrepris; ceo est a dire en la reverence de cest nun sunt les mainies de la mansiun de trois estages a Deu enclinez. Li rois celeste ad un mansiun de trois estages : la suverein est li ciels, ki est soliers estelé e chambre u clarté est e joie parmanable; la maëne est cest siecle ki est cume sale u ad travail e luite e jur e nuit entrechanjable. L'estage plus bas est enfer, ki est gaole e chartre u peines sunt e puurs e oscurté estable...

(Fol. 85 d) *Dixit Dominus ad Jesum filium Nave ministrum Moysi* [4] [JOSUE I, 1][5]. Deu dist a Jhesu li filz Nave, qui ert ministre Moyse : Moyses, mun sergant est devié. Ore tei esdrece e passe cest flum Jordan, tu e cist poeple, en la terre que jeo vus dirrai...

(Fol. 90) *Misit Deus exploratores in abscondito et dixit eis* [JOSUE, II, 1]... Alez sercher la terre e le burch de Jericho. Il dunt alerent e entrerent de nuiz..

---

1. Ajoutons que le ms. mentionné comme étant à Berlin (collection Hamilton) est le ms. du Fitzwilliam Museum (Cambridge) que j'ai décrit ici même (XXV, 555). — Le ms. Barrois 11 est le n° 518 de la vente de 1901. Je ne sais où il est actuellement.
2. Les deux premiers vers manquent : L'initiale seule a été faite : Q[ui bien comence bien define | C'est verités seüe et fine].
3. Ms. *quo*.
4. Ce texte et le suivant ne sont pas cités exactement.

(Fol. 97) *Cum autem esset Jhesus in agro urbis Jericho* [JOSUE, v, 13]. Ceo nus cunte l'estorie de la lei...

(Fol. 101 c) *Tulit autem unus ex filiis Israel aliquid de anathemate* [JOSUE, VII, 1]. Ceo dit l'estorie que uns home de la maign[i]e Israel.....

5. Sermon sur la dédicace des églises. — Ce sermon, qui n'a pas de rapport avec le chap. CLXXXII (*De dedicatione ecclesie*) de Jacques de Varazze, offre cette particularité qu'il commence par un prologue en vers. Il est incomplet de la fin et je n'en connais pas d'autre copie. Voici ce qui en reste dans le ms. de Trinity.

    Ki volt oïr e volt aprendre (f. 109 *b*)
    E de curage ben entendre
    Le sacrement de seint Eglise,
4 Cum l'escripture le devise,
    Ceo est des mustiers dediement,
    Issi le dist l'em vulgarement,
    Ces dous moz, « sacrer e dedïer »
8 En cest lui servent d'un mestier.
    Dunée est la poesté
    Sul as eveskes, de par Dé,
    Les eglises [de] dedïer,
12 A els apent icest mestier
    E nient a altre; c'est l'asise
    De li qui fundat seinte Eglise.
    Par un prodom de grant valur

16 A qui Deus dona la sue amur
    En (*corr* Est) cest traité fors excepté;
    E sul par lui sui ordené,
    K'il s'en delite el oïr
20 E preu i ait del retenir,
    E tut li altre ensement
    De ceo reteg[n]ent esperement
    De bien oïr e de bien faire
24 E lur ben fait a bon chef traire.
    Le rimer dès ore larrum,
    Kar pleinement parler voldrum
    Pur bien espundre la escripture
28 E bien mustrer la sanz cuverture.
    Ore dunc entende qui voldra,
    Del bien entendre pru averat.

Pur ce que del dediement des eglises avons entrepris a parler, premerement fait a oïr que sune (*c*) cest mot eglise.

Eglise sune tant cum *convocatio*, l'asemblé de cels qui sunt el regne Deu, e en ceo est la difference entre Sinagoge et seinte Yglise, ke sinagoge dit tant cume *congregatio*, asemble. Assembler poet l'om ensemble rainables creatures e nun reidnables creatures. Issi furent en la sinagoge gent que reisun entendirent. Li patriarche e li prophete ki entendirent par les escriptures le advenement Jhesu Crist (et la salvatiun Jhesu Christ [1]) et la salvatiun del munt, et asez i out de tels qui ren de ceo ne sourent, mès quiderent entre salvé par le sacrefize de la lei. Ceste eglise espiritelei (*sic*) est sacrée del saint Espirit et dedié a Deu par la sue grace e par sun sanc, del quel dediement est figuré et mustrancée la materiale, e veüm cument. Li evesques, quant il deit dedier eglise materiale, primers beneist l'ewe que defors estat, dunt il deit l'eglise aruser, e si el giet en cel ewe cum en altre ewe beneite. Après avirunent le

---

1. Les mots que j'ai mis entre ( ) doivent être supprimés.

eglise treis feiz dehors e gettet adès l'ewe beneite sur les mesieres e sur e pople, e li clerc et li poeple le siwent. E cum il fait celes treis processiuns, si deivent ardeir par dedenz duczc (*d*) cirges u duze chandeiles, e a chescun turn ke li evesques feit, si vendrat al maistre us de l'eglise e hurterat al hus del eglise de sa croce e dirrat : *Attollite portas principes vestras, et introibit rex glorie* [Ps. XXIII, 9]. Et li diakenes qui dedenz ert enclos lui respundrat : *Quis est iste rex glorie ?* E li evesques respundrat : *Dominus virtutum, ipse est rex glorie ?* [Ps. XXIII, 10] A la tierce fie overat li diakene l'us, e li evesques entrerat, e li clerc e li lai après lui. E dirrat li evesque, quant il entrerat : *Pax huic domui*. E cum il ert entrez, si se mettrat en oreisons od les clers, e prierat pur la satisfactiun de la maisun ki est a dedier. Après leverat et amonestera les atres a orer, sans dire *Dominus vobiscum*. Quant ceo ert fet, si escrivera del pié de sa croce un *a b c* el sablun qui ert getté en seinte eglise ; si cumencera a la senestre angle devers Orient ; si escriverat desque al destre angle devers Occident ; e derechef de la destre angle devers Orient desque al angle senestre devers Occident. Après ceo irrat devant le halt altel e dirra : *Deus in adjutorium meum*, od *Gloria Patri*, sanz *alleluia*. E puis frat un ewe beneit e si metra enz fiel...

(*Le reste manque.*)

O. 2.45. — Charmes, poésies diverses, proverbes, etc.

Manuscrit ayant le format d'un in-8° allongé (0,220 sur 0,035) écrit d'une belle écriture normande en Angleterre vers le milieu du XIII° siècle [1]. Il appartint jadis, et fut peut-être même écrit, à l'abbaye de Cerne, en Dorset. C'est un recueil d'opuscules variés, en latin et en français, où l'histoire littéraire peut puiser d'utiles éléments. Malheureusement le manuscrit, tel que le possède la Bibliothèque de Trinity, n'est plus complet. Une cinquantaine de feuillets en ont été détachés il y a un peu plus de soixante ans, et ont été vendus au Musée britannique où ils forment l'article coté Egerton 843 [2]. Ce fragment renferme divers écrits relatifs aux sciences mathé-

---

1. Voir cependant ci-dessous, p. 109, note 1.
2. Le Musée acquit ces feuillets le 11 août 1840 du libraire Rodd, en même temps que quelques autres manuscrits ou fragments, de même provenance. Tous ces livres portent, à la première page, la signature d'un érudit bien connu par ses travaux sur la littérature anglaise, James Orchard Halliwell († 1889). Celui-ci fut accusé du vol ; les apparences étaient contre lui,

matiques et notamment le traité de la sphère de Johannes de Sacrobosco. Il ne s'y trouve aucun écrit français[1]. Tout au contraire, le morceau, plus considérable, qui est demeuré sur les rayons de la Bibliothèque de Trinity contient quelques brefs textes qui méritent d'être signalés.

1. Je transcris une page du commencement, où il est question de l'usage qu'on faisait de certains psaumes comme charmes ou talismans.

(P. 4[2]) Si aucun voderat Deu supplier, vers li leit od gemissement devant la croiz .vij. feiz ces saumes dire : *Usquequo, Domine* [XII]; *Ad te, Domine, levavi* [XXIV]. — En besoign si vus chaez, dites ceste saume ententivement; si serrez delivre : *In te, Domine, speravi* [LXX]. — Quant aucun ve[n]rat la ou il creindrat, die treis feiz ceste saume od bon queor, e voist seur al conduit Deu : *Judica me, Deus* [XLII]. — Quant vus leverez del lit, dites treis feiz : *Dominus in nomine tuo* [LIII] et .iij. *pater noster*; si passerez le jur senz encumbrer. — Si vus en adversité estes e vulez par Deu estre delivre, dites cinc feiz a genuilluns et od lermes : *Exaudi Deus* ; *Miserere mei, Deus, quoniam* [LV]; si serrez delivre. — Si aucun deit pleider a plus haut de sei, die : *Miserere mei, Deus, miserere* [LVI], e agenuille set feiz, e prie Deu humblement. Ki bataille deit fere, die neof feiz, ou aucun pur lui : *Eripe me Domine* [CXXXIX] ; *Exaudi Deus deprecationem* [LX] ; *Exaudi, Deus, orationem* [LXIII] ; pus si averat l'aide Deu. — Ki est en volenté de peccher, die : *Deus misereatur* [LXVI], et prie ententivement ; si ert delivre.

Après sunges dites treis feiz devotement :

Loverd Jhesu Crist, ich *th*e bidde for *th*e vif wunde and *th*e diet *th*at *th*u *th*oledest in *th*are holie rode *th*at *th*u turne mine swevenes to blisse and to gode. Amen, amen, so mote hit beo for *th*are swete holie rode. *Pater noster* iij...

---

car on savait qu'il avait fréquenté assidûment la bibliothèque de Trinity. Il se défendit en disant qu'il avait acheté chez un libraire de Londres les manuscrits revendus par lui à Rodd, et qu'il en avait ignoré la provenance. Ce point n'a jamais été bien éclairci, et Halliwell a toujours eu, depuis ce temps, une mauvaise réputation à Cambridge. Quoi qu'il en soit, le Musée britannique se considéra comme légitime possesseur des manuscrits volés et repoussa les réclamations de Trinity. Voir sur cette querelle l'article HALLIWELL du *Dictionary of national Biography*, t. XXIV.

1. Il y a, dans l'Egerton 843 (fol. 33 v° et suiv.), une table, des années 1273 à 1396 avec des colonnes pour l'indiction, l'épacte, le concurrent, etc., d'où l'on pourrait conclure que le ms. n'aurait été fait qu'en 1273. Toutefois l'écriture m'avait paru antérieure à cette date.

2. Le ms. est *paginé*, non *folioté*.

Il semble bien que la pièce anglaise qui précède soit en vers ; toutefois je ne réussis pas à trouver les rimes du commencement. A la suite vient cette courte pièce française :

> Sire Jhesu Crist, rei pussant, (p. 5)
> A vostre seint cors me comand ;
> E vostre seint sanc me seit salu
> Ki pur nus en la seinte croiz fu espandu.
> Amen, amen, issi seit pur ta grant vertu.

2. Formule de confession, qui se retrouve ailleurs, par ex. dans le ms. Gg. 1. 1 de la Blibliothèque de l'Université de Cambridge (*Romania*, XV, 340). Premières lignes :

(P. 6) *Ici comence la manere de confesser*. Benedicite Dominus. In nomine Patris et Filii et Spiritus sancti. Jeo me rend cupable a nostre Seigneur Jhesu Crist et a nostre dame sainte Marie et a tuz les seinz Deu e seintes de tuz les pecchez ke jeo ai fet pus ke jeo fu né deske ore. Jeo ai mult pecché en orguil, en fierté, en baudur de queor, en surquiderie...

3. *Saluts à Jésus Christ et à la Vierge*. — Ces pièces sont écrites à longues lignes comme prose. La première (pour la seconde il y a doute) est en couplets de six vers monorimes. Ce qu'il y a de particulier, c'est que les vers ont seize syllabes (du moins en principe), avec un repos après la huitième. Nous possédons de ce genre de vers quelques rares exemples dans des pièces composées en Angleterre[1]. La seconde pièce a un refrain de deux vers.

> (P. 7) *Dites icest a Deu devotement* :
>
> Ave Jhesu, reis omnipotent, ki home peccheur eustes si chier,
> Pur ki suffristes vostre cors si trés vile[ne]ment treiter.
> Vos seintes meins e vos duz piez en croiz estendre e cloufichier.
> E vostre cors precius de une lance agüe percier,
> E les cinc plaies de salu pur nus peccheurs feistes seigner.
> 6 Defendez nus, sire Jhesu Crist, de pecché e d'encombrier.

---

1. *Romania*, XV, 309, 321. — Il faut mettre à part le vers de 16 syllabes, avec une syllabe féminine non comptée dans la mesure, à l'hémistiche, forme qui se rencontre en France vers la fin du moyen âge. J'en ai cité un exemple, *Romania*, XV, 310. Un autre est fourni par la pièce des quinze signes de la fin du monde dont le début a été publié par M. Tobler dans le *Jahrbuch f. roman. u. engl. Literatur*, VII, 403.

Ave Jhesu, ki vos duz braz pur mei voliez estendre
En cele gloriose croiz e pur mei cheitif pendre,
E suffrir si dure mort ke ne sui fors pudre e cendre.
Sire, donez mei grace ke jeo le sace entendre,
E en vostre seint servisse issi mun tens despendre
12 Ke mun espirit pusse a ma fin en vos meins rendre.
 Amen.

Dites a nostre Dame seinte Marie mut devotement : *Ave Maria gracia plena*; *Dominus tecum, etc.*

Duce dame seinte Marie, eez de nus pité,
Ke ja de pecché mortel ne seium encumbré,
Ne ja pur nule folie a dure mort livré.
Amen, amen, duce pucele, pur ta seinte virginité.
Duce dame sainte Marie, preez vostre enfant
K'il nus salve de tuz mals, si cum il est pussant.

Duce dame seinte Marie, priez Jhesu Crist
K'il nus tuz salve si com de vus char prist.
Amen, duce dame, mere Jhesu Crist,
Beneit seit le hure ke il en tei se mist.
Il eit merci de nus ke tele te fist.
Duce dame seinte Marie, preez vostre enfant
K'il nus doint sa aïe e nus seit garant
Encontre tuz nos enemis ke nus haient tant.
Duce Marie, preez vostre enfant
K'il nus salve de tuz mals, si cum il est pussant...

De la p. 10 à la p. 324 le manuscrit contient un assez curieux mélange de morceaux latins, en vers et en prose, dont on trouvera l'énumération détaillée dans le troisième tome du catalogue de M. James. Je me borne à citer en passant :

P. 11, deux vers sur l'étymologie de PHILIPPUS, à joindre aux textes cités par Darmesteter, *Romania*, I, 360 :

> *Phi*, nota fetoris, *lippus* gravis omnibus horis;
> Sit *phi*, sit *lippus*, semper procul ergo *Philippus*.

P. 19, traité d'arithmétique, en forme de dialogue : « Quia te, venerande preceptor, sepius audivi... » — P. 20, traité d'algorisme : « Omnia que a primeva origine rerum processerunt... » Cf. *Romania*, XXVI, 232. — P. 23, l'algorisme versifié d'Alexandre de Villedieu : « Hec algorismus ars presens dicitur esse... » Cf. *Romania*, *l. c.* — P. 82, un calendrier, etc.

— Les pages 309-322 sont occupées par diverses pièces goliardiques, à commencer par l'*Apocalypsis Golie*, à propos de laquelle Th. Wright[1] cite notre manuscrit.

4. *La patenôtre de l'usurier*. — Pièce composée en France, qui a été publiée par Méon[2] d'après le ms. B. N. fr. 837, fol. 219. J'en ai signalé autrefois une autre copie dans le ms. Harléien 4333[3].

<table>
<tr><td>

Pur chastier la fole gent (p. 324 b)
Ke plus eiment or et argent
K'il ne funt Deu et sainte Glise,
Ai un poi m'entente mise
A rimer et a conter
Ceo ke jeo ai oï reconter
Mestre Robert de Cursun[4]

</td><td>

L'autre jur a sun sermun,
Cum feitement li userier
Vet a muster pur Deu prier.
Li userers est par matin levez,
Tuz ses us ad defermez
Pur veer si aukun venist
Ke deniers emprumpter vousist...

</td></tr>
</table>

5. *La confession de l'usurier*.

<table>
<tr><td>

Plest vus oïr une mervaille (p. 327)
A ki nule ne se aparaille[5]?
Bien la devez tuz escuter.
E[n] vos quers metre et escuter.
Dire voil la confessiou

</td><td>

Al userer e le pardon
Ke il out quant il dust morir.
Diable le sout bien merir
Le servise ke fet aveit,
Car unkes en sa vie n'aveit

</td></tr>
</table>

---

1. *Latin poems commonly attributed to W. Mapes* (Camden Society), p. 1.
2. *Fabliaux*, IV, 99.
3. *Romania*, I, 208-9. Voici les premiers vers de la leçon du ms. Harléien :

Pur chatoier les riges (*sic*) genz   A maistre Robert de Dijon,
Ki miex ainme[nt] l'or et l'argent   A Paris, enz en plein sermon,
Ai ge .j. pou m'entente mise   Cum faitement li userier
A rimoier e a conter   Vient au mostier por Dieu proier...
Ice que j'oii reconter

4. *Robert de Chorson*, dans le ms. 837 (Méon). — Robert de Courson, chancelier de l'Université de Paris, légat du pape, mourut en 1218 au siège de Damiette (*Hist. litt. de la Fr.*, XVII, 395-6). Nous n'avons pas ses sermons. Mais Hauréau a prouvé qu'il était l'auteur d'une *Summa de Sacramentis*, attribuée à tort à Simon de Tournai, dans laquelle il s'élève avec une extrême violence contre les usuriers parmi lesquels il englobe à peu près tous ceux qui vivent du négoce (Hauréau, *Notices et extraits de qq. mss. latins de la Bibl. nat.*, I, 167 et suiv.).

5. Formule fréquente; voir *Romania*, VI, 23. Le fableau « du prestre qui dist la passion » commence à peu près de même.

Un jur esté sanz usure.	Mès la joie de paradis (p. 330)
Mès la mort, ki rien ne asure,	Nus otrie cil ki nus fist nestre,
De sa verge le tucha.	E nus mette tuz en sa destre,
....	En la joie pardurable
....	Od le pere esperitable. Amen.

6. *La Riote du monde.* — On sait qu'il existe de cette amusante *trufe* diverses rédactions, l'une en vers, les autres en prose. Elles ont été toutes publiées, dans la *Zeitschrift f. rom. Philologie*, VIII (1884), 275-289, XXIV (1900), 112-129, par M. J. Ulrich. Le texte du ms. de Trinity a pris place dans cette collection, VIII, 279. Premiers mots :

Jeo chevachoie l'autrier de Amiens a Corbie. Si encontrai li reis e sa mesnée. « Beaus amis », dist le rei, « dunt viens tu ? — Sire, jeo vient de ça — Ou vas tu ? Jeo vois la.... »

7. Recettes variées, analogues aux « quentyses bones et esprovées » que j'ai publiées jadis d'après un manuscrit d'Édimbourg [1].

(P. 349). Pernez drasche de oylle z arnement z vitreole, e destemprez ensemble e metez en un crusil ou en une lampe, e en oignez la meche de ceo, e alumez, e tuz en le ostel resemblerunt mors.

Pernez la gresse de la verte lesarde avec le cowe e vif argent, destemprez ensemble e metez en une lampe ou en une chandeille, e alumez, e la chambre resemblera argent.

Pernez archal .j. wyr[2] e enoignez le de suffre vif destempré un poi od oille, e estendez le archal en lung la meysun, e fichez autant de chandoilles cum vus unkes voldrez en lung del archal, e alumez une chandele al un but del archal ke la flamble atuche le archal, e tuz les autres par fei alumerunt.

Destemprez coperose od fiel de sengler, issi k'il seit cum oignement. Sil gardez en boistes e oignez, e les peilz cherrunt. Meimes ceo vus fra arsenik e coperose destempré od vin egre.

8. Proverbes vulgaires traduits en hexamètres. On sait que les clercs du moyen âge ont pris plaisir à mettre en vers latins des proverbes vulgaires. Le ms. Digby 53 (Bodléienne) qui remonte au commencement du XIIIe siècle, contient un certain nombre de ces traductions, accompagnées du pro-

---

1. *Doc. mss. de l'anc. litt. de la France*, (1871), p. 107.
2. L'anglais *wire*, fil.

verbe original. J'ai décrit jadis ce manuscrit [1]. Je publierai prochainement une étude sur d'autres recueils du même genre. Ici, le proverbe original est ordinairement donné sous la forme anglaise; ainsi :

> (P. 351) *Wel wot hure cat whas berd he licket.*
> Murilegus bene scit cujus barbam lambere suevit.

C'est le proverbe français bien connu : *Bien set li chas cui barbe il leche* [2]. Mais le vers latin est transcrit ici incorrectement. Il faut *cui* au lieu de *cujus* [3]. Une fois seulement la forme française est donnée :

> (P. 352) *Ki ne done ceo k'il aime ne prent ceo k'il desire.*
> Qui non dat quod amat non accipit omne quod optat [4].

Dans la suite, ce recueil de proverbes, qui s'arrête au bas de la p. 356, omet les proverbes originaux et donne seulement les vers latins.

Notre manuscrit contient un feuillet de garde dont il convient de dire quelques mots. Ce feuillet de garde, formé d'une bande de parchemin assez étroite, est une colonne détachée d'une bible française écrite à deux colonnes par pages. On y lit la fin du premier livre des Macchabées. L'écriture (fin du XIIIe siècle ou commencement du XIVe) est anglaise, mais la traduction est bien française d'origine, car c'est la version qu'on rencontre dans ce que Samuel Berger appelle, à tort ou à raison, la Bible du XIIIe siècle, d'où elle a passé dans la Bible historiale de Guyart Desmoulins [5]. Je donne les premières lignes de notre

---

1. *Documents manuscrits* p. 170.
2. Le Roux de Lincy, *Livre des prov.*, 2e éd., I, 156, II, 474, 487. Cf. *Romania*, III, 123; XXXI, 477.
3. Cf. le ms. Roy. 13. A. IV, fol. 85 (Musée britannique).
4. Ce vers latin est cité par Nicolas de Byard (Bibl. Mazarine, 1030, fol. 70 *a*). Quant au prov. français il se rencontre, avec trois traductions latines différentes, dans le ms. Digby 53 (voir mes *Documents manuscrits*, p. 174).
5. S. Berger mentionne cette version dans son chapitre sur Guyart Desmoulins (*La Bible française*, p. 170-1), mais il n'a pas remarqué qu'elle est antérieure à Guyart Desmoulins, puisqu'elle se trouve dans la « Bible du XIIIe siècle ».

fragment en rétablissant le début de la première phrase à l'aide du ms. fr. 398, fol. 208ᵈ, qui est de la fin du xiiiᵉ siècle. Je mets en italiques les mots restitués.

(I, XVI, 15) *Li filz Abboby les reçut en une petite forteresce qui est* apellez Doth par tricherie, et lur fist un grant mengier, et repoust homes en la meson; (16) et quant Symeon et ses fiuz furent enyvrez, Tholomer et sa gent se leverent et pristrent lur armes et entrerent ou il mangoient et occistrent Symeon et ses .ij. fiuz et aucuns de ses serganz. (17) Ainsi deçut Tholomer le pueple Israel et lur rendi mal por bien. (18) Lor escrist Tholomer lettres et l[es] envoia au roi qu'il envoiast gent en aide ; et il li bailleroit la region et lez citez et les treüs.....

O. 5. 32. — Géomancie, Géométrie, Lunaire de Salomon, etc.

Ce manuscrit, du commencement du xvᵉ siècle, est un recueil d'opuscules variés, en latin et en français, concernant la divination, la géométrie, la médecine. J'en donne quelques extraits qu' acquerront un certain intérêt si on trouve d'autres manuscrits renfermant les mêmes textes.

Au commencement il y a divers tableaux servant à la divination. Il s'y trouve des sphères ou roues, analogues à celles que j'ai signalées dans la *Romania*, XXVI, 238. On y voit figurer « le roy des Tourcs, le roy d'Espagne, le roy de Ynde », etc., avec des réponses aux questions posées.

1. *Le livre Hermès le philosophe.* — Traduction plus ou moins libre d'un traité astrologique mis sous le nom du fabuleux Hermès Trismégiste : *Liber Hermetis de 15 stellis et tot lapidibus et de 15 herbis et de 15 imaginibus.* C'est ainsi qu'il est intitulé dans le ms. B. N. lat. 7440, fol. 13 vᵒ. Le même titre, ou à peu près, est fourni par le ms. Ashmole 1471, fol. 50, de la Bodléienne. Du reste cet opuscule est rare en manuscrit, et il ne paraît pas qu'il ait été imprimé. La version de notre manuscrit commence ainsi :

(*Fol. 11*) Cy comence le livre Hermès le philosofre parlaunt des .iij. esteilles greyndres fixes et 15 pieres preciouses, 15 herbes vertuouses et des 15 figures miraculouses. Adounques, entre moutz des autres choses que les aunciens sages moustreront en lour escritz, cestui Hermès, très auncien piere des phylosofres et com des benoits dieux, fist cest livre et le departi en quatre parties pur ceo que principalment quatre vertues des choses sount en ycele contenuz...[1]

2. *Traité de géométrie.* — Il faut entendre ici « géométrie » en son sens propre, l'art de mesurer la terre. C'est un traité d'arpentage. Le prologue fait honneur aux Égyptiens de l'invention de cet art. La même idée est exprimée dans les traités de géométrie de Boèce et de Gerbert, qui toutefois sont fort différents de notre traité français. Ce traité est-il traduit du latin ? Je n'oserais l'affirmer, bien que cette hypothèse me paraisse *a priori* assez probable. On peut du moins admettre que, sans avoir traduit proprement un texte déterminé, l'écrivain a emprunté sa matière à des écrits latins.

(*Fol. 17*) Un sage autour de geometrie dist qu'ele fust prymes trové en Egipte, que auncienement fust la terre ou diverses sciences furont useez et apryses. Qar des Caldeus et Egipciens vindront eles a Gregeys, et puis des Gregeys as Arabiens et Latins. Et solonc ceo que le dit autour counte, la maniere et la cause pur quey ele fust prymes trovée illeok fust ceste. Nous savons bien que la terre d'Egipte est graunt partie, en certeyn seysoun del an, coverte del flom de Nil, estre les plus hausz lieus et les citeez, et pur cele cause sont eles assys le plus haut que les pays enviroun, issi que, quant l'ewe fust retrete, les gentz du pays ne porroient counstre les boundes de lour champs, quar les boundes furont ostée par l'ewe, dount grant estryf sovent sourdy entre eux, qar la terre de Egipte est si bone et plenturouse que damage lour semble a perdre un pié de terre...

3. *Le lunaire de Salomon.* — C'est une rédaction en vers toute différente de celle que Méon a publiée et dont j'ai indiqué diverses copies dans une précédente notice (*Romania*, XXIX, 77). Le texte que nous avons ici, et dont je ne connais pas d'autre exemplaire, se rapproche assez d'un texte en prose dont j'ai cité quelques lignes dans mes *Notices sur quelques*

---

1. Voici le latin : « Inter multa alia bona que antiqui patres sapientissimi narraverunt philosophi, Hermes Abydymon, pater philosophorum antiquissimus, sapiens et quasi unus benedictus a Deo, philosophis librum hunc edidit divisitque eum in 4 partibus, eo quod principaliter sunt 4 rerum virtutes, videlicet stellarum, lapidum, herbarum atque ferarum que in eis continentur... » (B. N. lat. 7440, fol. 13 c; xive siècle).

manuscrits français de la Bibliothèque Phillipps[1]. Les rimes montrent surabondamment que ce petit poème a été rédigé en Angleterre.

[25 v°)
Cy comence une sommarye (f.
Que l'em apele la lunarie
Pur voir de sounges et d'autre rien;
4 Boh est et verroie, sachez bien,
Kar Salomon le sage le fist
Si com l'aungle lui aprist
Que Nostre Seignur lui envoia,
8 Et de sa main mesmes l'escriva.

Quant il est la lune prymere
Totes choses sont bons a comencer.
L'enfant qi adonque nestra
12 Deboneyres et prodomme serra.
En le surcyl merche avera
Et en sa bouche, et si serra
Sages et vaillaunz et mout preus,
16 Entre moutz des gentz conus,
Et longement vivera cel bier

Si peril de ewe puisse eschaper.

La pucele que doncs ert née
20 Chaste serra et benurée,
Beale, courtoise et enseignée,
Et mout avera de sa volontié.
Qi enfermeté doncs cherra[2]
24 Longement, seynz serra;
Chescun sounge a bien tournera,
Et de enseyner bon jour serra,
Et si serra bien trovez
28 Larcine fait a cele foitz.

La secounde lune est mout favable;
Qe riens voet faire est mout amable,
Qar tutes choses sont donques
[bones a faire
32 Fors entre gentz de movoir
[guerre...

4. *Les cinq joies Notre Dame.* — Nous n'avons ici que le premier couplet de cette prière, suivi d'un commentaire où il est attribué à l'évêque de Paris, Maurice de Sully. La pièce se trouve entière dans le ms. Bodley 57, fol. 4 v°, de la Bodléienne. Le premier couplet se rencontre aussi, mais accompagné d'une suite différente, dans le ms. Harléien 273, fol. 110, du Musée britannique. Dans ces deux textes, il n'est pas question de Maurice de Sully.

Gloriouse virgine seinte Maria qui le[3] fitz Dieux portastes,
Virgine le conceustes et virgine l'enfantastes,
Et de virginal lait le lestates[4],

---

1. *Notices et extraits*, XXXIV, 1re partie, p. 236.
2. Corr. *Qi [en] enferté.*
3. Bodl. et Harl. *Gl. dame ki le.*
4. *Sic* Harl. mais Bodl. *De virgine led virginement le letastes.*

Dame, si verroyment come ceo est verroy [1],
Eyez en garde le corps et l'alme de moy [2].

Et après dites *Pater Noster* et cink *Ave Maria*. Icest orisoun envoia Nostre Dame seinte Marie a seint Morice, l'evesque de Paris [3], et qi chescun jour le dirra cynk foitz en l'onuraunce des cynk joies que Nostre Dame avoit de son cher fitz, et *Pater noster* et v. *Ave Maria*, ja en cest siecle hountage n'avera ne mès aventure ne lui avendra ne en court de terrien seignour vencu ne serra; tonere ne foudre ne lui damagera, viseyn qy [4] ne lui noiera [5], ne femme enceynte de son enfant ne perira.

Suit une table des jours égyptiaques, et, d'une écriture du XVIe siècle, un recueil de recettes médicales, les unes en latin, les autres en français.

TABLE DES MSS. DÉCRITS

B. 14. 39	20	O. 1. 20	73
B. 14. 40	43	O. 2. 5	95
R. 3. 20	63	O. 2. 14	102
R. 3. 56	65	O. 2. 45	108
O. 1. 17	68	O. 5. 32	115

---

1. Bodl. *D. cume ço est veirs e jo ben le crei*, Harl. *D. si cum ceo ert veirs et eo le crei*.

2. Harl. *l'alme et le cors de mei*.

3. L'évêque Maurice de Sully († 1196) n'a jamais été canonisé. Toutefois ce n'est pas ici seulement qu'il est appelé saint. Le ms. Digby 86 (voir la notice de M. Stengel, p. 6) renferme une pièce en prose, analogue, mais non identique à celle-ci, qui est précédée de cette indication : « Nostre Dame seinte Marie envea cest oreisun a seint Morice, eveske de Paris. »

4. Lacune.

5. Il faut entendre *nuire*.

TABLE DES AUTEURS ET DES OUVRAGES

Amicum induit, voir PLATEARIUS.
Ballades françaises (R. 3. 20).. 63
Bele Alis matyn se leva, chanson (B. 14. 39)............... 22
Bibbysworth, GAUTIER DE —
Charmes, psaumes employés comme — (O. 2. 45)...... 109
Chirurgie, la nouvelle — en vers (O.2.5).................. 99
Cinq joies Notre Dame, les — (O. 5. 32)............... 117
Confession, formule de — (O. 2. 45)................... 110
— traité de la — (O. 1. 20).. 95
Confession de l'Usurier, la —, poème (O. 2. 45)........ 112
Conjugaison française, traité en latin de la — (R. 3. 56)..... 65
Croix, légende du bois de la sainte — (O. 1. 17)........ 74
DANIEL CHURCHE, voir *Urbain le Courtois.*
Dialogues français composés en 1415 (B. 14. 40).......... 47
Edmond de Pontigni (saint) traduction du *Speculum Ecclesie* (O. 1. 17)................ 74
Ezechiel, voir Pronostics d' —
Femina, traité pour apprendre le français (B. 14. 40)....... 43
Formulaire de lettres (B. 14. 40) 59
GAUTIER DE BIBBYSWORTH, *Aprise de franceis* (B. 14. 40). 44
Géomancie, traité de — (O. 2. 5)..................... 96
Géométrie, traité de — (O. 5. 32) 116
GUILLAUME LE NORMAND, *Bestiaire* (O. 2. 14).......... 105
Hermès, le livre — (O. 5. 32).. 115
HIPPOCRATE, traité apocryphe adressé à l'empereur César (O. 1. 20)................ 84
HIPPOCRATE, traité attribué à — sur la manière de visiter les malades (O. 1. 20)......... 86
—, traité attribué à — sur les pronostics de la mort (O. 2. 5).................. 98
Lunaire de Salomon, le — (O. 5. 32)..................... 116
Macchabées, traduction des —, fragment (O. 2. 45)....... 114
Maladies des femmes, traité en vers sur les — (O. 2. 5)... 101
—, voir TROTULA.
Mari (le) cocu, battu et content, — récit en prose (B. 14. 40) 59
Médecine, traité de — en prose (O. 1. 20)................ 83
—, voir Poème médical, Recettes médicales, TROTULA.
Miroir, le, voir ROBERT DE GRETHAM, orthographe, traité d'— (B. 14. 40)............... 59
Passion, poème sur la — (O. 2. 14).................... 102
Passion, poème sur la — B. 14. 39)..................... 38
Patenotre de l'Usurier, la —, (O. 2. 45)................... 112
Péchés capitaux, sur les — (B. 14. 39).................. 40
Plainte d'amour, la —, poème (O. 1. 17)................ 73
PLATEARIUS, *Practica brevis*, commençant par *Amicum induit*, extraits traduits en français (O. 1. 20)............ 85
Poème médical (O. 1. 20).... 75

Prière à J. C. en vers français et anglais (B. 14. 39).......	22	(2. 14)................	104
Pronostics d'Ézéchiel, fragment en vers (B. 14. 39).........	27	Salomon et Marcoulf (R. 3. 20) .	63
Pronostics de la mort, voir HIPPOCRATE.		Saluts en vers à J. C. et à la Vierge (O. 2. 45)...........	110
Pronostics tirés du mois de la naissance (O. 2. 5).........	101	Satire en latin sur la cour de Rome (R. 3. 56)......,...	66
Proverbes vulgaires traduits en vers latins (O. 2. 45).......	113	Sermon en vers (B. 14. 39). 37.	41
Proverbia Marie Magdalene (B. 14. 39)..................	40	— sur la dédicace des églises (O. 2. 14)................	107
Recettes médicales en vers, pour les femmes (O. 1. 20)......	90	— sur Josué (O. 2. 14).....	106
Recettes médicales en vers (O. 2. 5)................	97, 99	SUFFOLK, le comte de —, ballades et rondeaux (R. 3. 20)..	63
— en prose (O. 1. 20).......	77	TROTULA, traité sur les maladies des femmes, traduit en vers (O. 1. 20)................	87
Recettes variées (O. 2. 45)....	113	*Urbain le Courtois*, poème (B. 14. 40)..................	45
Riote du monde, la — (O. 2. 45).	113	— (O. 1. 17)	68
ROBERT DE GRETHAM, extraits du *Miroir* (B. 14. 39).......	28	*Usurier*, voir *Confession* et *Patenotre*.	
ROGER DE PARME, la *Chirurgie*, trad. en français (O. 1. 20).	78, 91	*Veni sancte Spiritus*, traduit en vers français (B. 14. 39)....	26
Roman des romans, le — (O.		Wace, vie de saint Nicolas (B. 14. 39).................	32

P. 86 (art. 7). Il semble qu'Arnaut de Villeneuve se soit inspiré de ce traité apocryphe d'Hippocrate dans ses *Cautelæ medicorum* ; voir *Hist. litt. de la Fr.*, XXVIII, 69.

P. 55, l. 1, *percs* est sûrement une mauvaise lecture pour *peres* (l'anglais *stone*).

A propos du charme commençant par « Treis bons freres... » (p. 77), j'aurais dû renvoyer à un mémoire de R. Köhler où sont rapportées des rédactions en latin, en italien et en allemand de la même formule (R. Köhler. *Kleinere Schriften*... hgg. von J. Bolte, III, 552-8).